서강인문정신 | 021

차이와 반복의 사상

들뢰즈와 하이데거

KB191740

저자 소개 _____

서동욱

벨기에 루뱅대 철학과에서 들뢰즈 연구로 박사학위를 받았다. 1995년부터 계간 《세계의 문학》 등에 시와 비평을 발표하면서 시인·문학평론가로 활동해 왔다. 저서로 『차이와 타자』, 『들뢰즈의 철학』, 『일상의 모험』, 『철학연습』, 『생활의 사상』, 『타자철학』, 비평집으로 『익명의 밤』, 엮은 책으로 『싸우는 인문학』, 『미술은 철학의 눈이다』, 『철학의 욕조를 떠도는 과학의 오리 인형』, 『한 평생의 지식』(공편), 『스피노자의 귀환』(공편), 시집으로 『랭보가 시쓰기를 그만둔 날』, 『우주전쟁 중에 첫사랑』, 『곡면의 힘』, 엮은 시집으로 『거대한 뿌리여, 괴기한 청년들이여』(공편), 『별은 시를 찾아온다』(공편), 『온몸으로 밀고 나가는 것이다』(공편), 역서로 들뢰즈의 『칸트의 비판철학』, 『프루스트와 기호들』(공역), 레비나스의 『존재에서 존재자로』 등이 있다. 루뱅대학, 어바인 캘리포니아 주립대학 등에서 방문 교수를 지냈으며, 오하이오 주립대학 방문 작가를 지냈다. 한국프랑스철학회장을 역임했다. 서강대 철학과 교수로 재직하고 있으며, 계간 《철학과 현실》 편집위원으로도 활동하고 있다.

서강인문정신 021

차이와 반복의 사상 – 들뢰즈와 하이데거

_____

초판 1쇄 발행 | 2023년 10월 27일
　　 2쇄 발행 | 2023년 11월 20일

지 은 이 | 서동욱
발 행 인 | 심종혁
편 집 인 | 하상응
발 행 처 | 서강대학교출판부
등록 번호 | 제2002-000170호

주 소 | 서울특별시 마포구 백범로 35(신수동)
전 화 | (02) 705-8212
팩 스 | (02) 705-8612

ⓒ 서동욱, 2023 Printed in Korea
ISBN 978-89-7273-389-8 93100

값 14,000원

서강인문정신 | 021

차이와 반복의 사상
들뢰즈와 하이데거

서동욱 지음

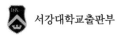 서강대학교출판부

○ **일러두기** ○──────────────────────────────

* 주로 인용되는 저서는 아래 약어표와 같다. 약어표에 제시된 문헌의 경우 인용문 뒤 괄호 안에 약어와
  쪽수를 써준다. 약어표 외의 문헌에서의 인용은 각주를 통해 서지 사항을 밝힌다.
* 모든 인용에서 원저자의 강조는 작은따옴표로, 인용자의 강조는 굵은 글씨로 표시한다. 인용문에서
  대괄호 안의 말은 뜻을 분명히 밝히기 위해 인용자가 집어넣은 말이나 대체 가능한 번역어이다.
  대괄호가 인용된 원문 자체에 속할 경우엔 인용문 뒤에 '대괄호-옮긴이'라 표기해서 구별해준다.

○ **약어표**(저자별 가나다순) ○──────────────────────

마르틴 하이데거(Martin Heidegger)

* 『기여』
  『철학에의 기여』 이선일 옮김, 새물결, 2015.(*Beiträge zur Philosophie (Vom Ereignis)*)(Gesamtausgabe,
  Band. 65), Frankfurt am Main: Vittorio Klostermann, 2003.(초판: 1989))
* 『존재와 시간』
  『존재와 시간』 이기상 옮김, 까치, 1998.(*Sein und Zeit*, Tübingen: Max Niemeyer, 1993.(초판: 1927))

질 들뢰즈(Gilles Deleuze)

* 『기호들』
  『프루스트와 기호들』 서동욱·이충민 옮김, 민음사, 2004(재판).(*Proust et les signes*, Paris: PUF, 6판, 1983.)
* 『차이와 반복』
  『차이와 반복』 김상환 옮김, 민음사, 2004.(*Différence et répétition*, Paris: PUF, 1968.)

인생에 한 번쯤 존재란 무엇인가라는 물음에 빠져볼 필요가 있다. 그러나 그 필요는 알아채기도 전에 성취되는데, 억지로 물음을 던지기 전에 깜짝 놀라듯 우리는 이미 그 물음에 들어서 있는 까닭이다. 우리가 어떤 직업이나 관심이나 희망을 가진 자이기 이전에, 어떤 공동체나 누구의 자식이나 부모이기 이전에, 존재하는 자인 까닭이다. 우리의 물음은 임의적이지 않고 우리의 생김새로부터, 바로 떨쳐버릴 수 없는 우리의 모습인 존재함으로부터 숙명적으로 솟아오른다.

그리하여 물음을 던진다. 우리는 누구인가? 우리는 어떻게 존재하는가? 무엇을 향해 이 어려운 삶을 짊어지고 가는가?

자신의 존재함에 대해 의혹을 품지 않는 이가 있을까? 존재하는 자인 이상 우리는 저 물음들을 잊을 수 없다. 철학은 잊을 수 없는 물음들에 이끌려 존재에 대해 생각하는 공부이다. 그런데 사유가 존재에 접근하려고 할 때 수많은 방해물이 끼어든다. 우리는 우리 자신의 모습을 직접 보고 싶다. 그러나 개별적이고 단독적인 존재자를 한꺼번에 묶는 각종 일반 개념들, 존재자들 사이의 관계를 규정하는 각종 법칙들이 직접성을 원하는 시야를 가리며 끼어든다. 이른바 매개라고 하는 것이다.

사유는 매개 없이 직접 존재에 가닿지는 못하는 것일까? 존재자들의 동일한 성격을 표현하는 개념, 예를 들면 '이성적 동물로서의 인간' 같은 집합적 개념이 사유에 끼어 들어올 때 이 개념은 자신의 존재에 대해 질문을 던지는 이들을 방해한다. 자신의 존재함에 대한 물음에 주어진 답변이 고작 너는 이성적 존재로서 인간이다라는 것일 수 있을까? 내가 이성적 존재에 속하는 한 사람이라는 것을 알게 되었을 때 나의 존재의 비밀은 해명된 것일까? 그리고 이 존재의 본성에 맞추어 이성적으로 사는 것이 나의 존재함에 대한 지침일까? 이성적 존재로서의 인간 같은 공허한 개념은 자신의 존재함이 무엇인지에 대해 어떤 해명도 주지 못한다. 내가 이성적 존재일지라도 나의 존재함은 여전히 나에게 비밀로 남으며 나는 내가 어떻게 살아가야 할지 그로부터 아무런 가르침도 얻지 못한다. 인간, 시민, 신의 창조물 등등 그 어떤 일반적 개념도 나의 존재함 자체에 대해 알려주지 못한다.

일반적 동일성을 표현하는 개념들의 매개를 걷어내면 우리는 비로소 존재에 직접 노출된다. 동일성을 나타내는 어떤 개념도 개입하지 못하므로, 우리는 유와 종으로 묶이지 않는 개별자의 독자성 속에서 모습을 나타낸다. 각각의 독특한 개별성을 표현하는 개념은 '차이' 외에 무엇이겠는가? 이렇게 우리는 근본 개념으로서 차이와 마주친다.

그리고 시간의 강이 우리를 어디론가 데려간다. 존재는 멈추어 있지 않고 강물처럼 흘러가는 움직임이다. 존재는 흘러가면서 늘 무엇인가 새롭게 만들어 내는 것, 바로 사건이다. 아마도 존재가 요동치며 계속 움직인다는 것이 낯설다면, 우리가 존재자를 기하학적 좌표 위에 고정된 어떤 물체 같은 것이라고 여기는 선입견에 빠져있기 때문일 것이다. 존재에 관한 생각을 담은 가장 오래된 잠언들, 긴장으로 가득 찬 아낙시만드로스의 글들, 그리고 어둡고도 매혹적인 헤라클레이토스의 문장들에서부터 존재는 생성 변화하는 움직임이라는 사실이 알려지고 있다.

그렇다면 이 요동치는 존재는 어떤 모습을 만들며 움직이는 것일까? 존재하는 것들이 차이 속에서 출현한다면, 운동이란 이 차이의 계속됨, 바로 차이의 '반복'일 것이다. 사람들은 오래도록 운동의 원리로서 부정성 또는 대립에 대해 이야기해 왔다. 차이나는 것들은 서로 대립 관계를 이루고, 이 대립이 빚어내는 싸움이 운동이며, 그 운동은 결국 대립하는 것들을 하나의 전체로 통일한다는 이야기 말이다. 그리고 사람들은 대립적 관계가 지양되고 궁극적으로 통일된 전체에 이르는 과정을 발전으로 이해했다. 이것은 도달해야 할 전체가 완성된 목적으로 설정된 목적론적 운동이기도 하다. 그러나 정말 차이나는 것들은 서로 지양하려는 대립 관계에 들어서는 것일까? 오히려 대립이란 차이를 '추상화'하는 한에서만 얻어지는 결과 아닐까? 존재자들을 조각내는 차이란 '무관계' 같은 것이 아닐까? 우리는 차이를 대립이라는 연출된 무대 속으로 끌어들이기 이전의 생생한 존재의 운동을 바라보고 싶다. 대립, 발전, 통일, 완성된 목적 등등의 개념에 매개되기 이전에 존재는 어떻게 움직이며 어떻게 흘러가는 것일까? 바로 '반복'이라는 개념을 통해 존재의 저 생성을 바라보게 될 것이다.

이런 생각들과 더불어 '차이'와 '반복'이라는 두 개념에 대해 묻는 이 책이 탄생하게 되었다. 철학은 늘 해결하지 못한 문제에 대한 궁금증의 힘을 빌려 탄생하지만, 이 문제에 접근할 수 있도록 해주는 것은 철학의 역사가 물려준 개념들이다. 물려받은 개념들을 통해 지금 마주친 문제에 접근하는 일이란 저 개념들을 새롭게 창조하는 일이기도 하다.

존재의 비밀에 대해 추궁하기 위한 개념 '차이'와 '반복'을 낳은 철학자가 마르틴 하이데거와 질 들뢰즈이며, 이 개념의 알들이 깜짝 놀라게 하는 괴조(怪鳥)의 소리를 내며 부화한 둥지가 그들의 중요한 책『존재와 시간』(1927), 그리고『차이와 반복』(1968)이다. 하이데거는 사르트르, 메를로퐁티, 푸코, 데리다 등의 이름과 적지 않게 연결되는 지점들을 가지고 있지만, 진정 하이데거라는 이름은 그만큼 존재 물음에 깊이 몰입했던 들뢰즈의 이름을 강한 자력을 가지고 부르고 있다. 하이데거와 들뢰즈가 쓴 책의 이름은 서로 바꾸어도 된다. 하이데거의 존재는 '존재론적 차이'를 통해 접근할 수 있으며, 그가 말하는 시간은 곧 '반복'이다. 그래서『존재와 시간』의 숨겨진 이름은 '차이와 반복'이다. 들뢰즈의 차이는 '존재'를 드러내는 개념이며, 반복은 이 존재가 '시간' 가운데 펼쳐지는 방식이다. 그래서『차이와 반복』의 숨겨진 이름은 '존재와 시간'이다. 여러 면에서 서로 매우 이질적인, 특히 정치적인 입장에선 간격을 메울 수 없이 먼 거리를 가진, 독일의 검은 숲속의 고향 찾기의 철학자와 파리의 유목적인 철학자가 '차이'와 '반복'이라는 개념 속에서 함께 하며, 또한 이 두 개념을 중심으로 존재론의 역사를 쇄신하고 있다. 차이와 반복에 대해 숙고하는 이 책은 들뢰즈와 하이데거를 통해 현대 존재론이 도달한 존재의 비밀에 몰두한다. 이는 서로 다른 수법으로 은행의 방어망을 해체하고 침투했으나 동일한 금고(金庫) 앞에 함께 서서 마주 보게 된 두 도둑의 궤적을 추적하는 일과 같다. 우리는 그 추적의 끝에 존재의 근본 이름이 왜 차이와 반복인지 이해하게 될 것이다.

차이와 반복에 대한 본격적인 존재론적 논의에 이어, 예술의 문제를 다루는 이 책의 뒷부분은 또 다른 한 사람의 철학자를 논의의 장으로 끌어들인다. 『진리와 방법』(1960)의 저자 한스 게오르크 가다머 말이다. 하이데거와 매우 가까우며 들뢰즈와 거리를 가지는 이 철학자는 『진리와 방법』에서 '예술에서의 반복' 문제를 다루고 있는데, 그 반복 개념은 바로 하이데거와 들뢰즈의 반복 개념을 통해 존재론적 기반을 가지고서 이해될 수 있는 것이다. 예술과 그 본질로서의 놀이에 관한 논의를 통해 우리는 반복 개념이 존재론에서 예술의 영토로 넘쳐 나와 얼마나 많은 영역을 덮으며 삶의 기저에서 시간의 흐름을 만들어 내는지 볼 수 있을 것이다. 아울러 책의 마지막은 문학예술의 생성 원리로서 차이와 반복의 시학(詩學)을 사유한다.

이 책은 오래전에 기획되었고 최초의 원고는 2007년에 쓰였다. 긴 세월과 다른 일들의 간섭 속에서도 차이와 반복이라는 매력적인 개념에 대한 숙고는 잊을 수 없는 것이었고, 이제 비로소 책의 형태로 그

숙고를 마무리할 수 있게 되었다. 완결된 책이란 긴 세월의 불안을 비로소 끝내는 로그아웃이라는 점에서 안식을 닮았다. 전원이 사라진 어둡고 고요한 모니터를 좋아한다. 그것은 어떤 일도 하지 않으려고 세상의 모든 성냥으로부터 숨어 차갑게 식은 고대의 유전(油田)처럼 매혹적이다.

원고를 교정해 나가는 과정에선 훌륭한 감각을 지닌 박경남 박사님과 이솔 박사님에게 많은 도움을 받았다. 까다로운 색인 작업은 이솔 박사님의 솜씨이다. 도움을 준 두 분에게 감사드린다.

존재를 포획하기 위해 사상의 역사가 고안한 개념들인 동일성, 대립, 유비, 유사 등등을 떨쳐버리고 존재에 직접 다가가는 것은 생각의 용기를 필요로 하는 일이다. 굳이 칸트의 유명한 글을 환기하지 않더라도 생각한다는 것은 용기의 문제이다. 존재를 다스리는 개념들을 버렸을 때 우리는 헬멧을 잃고 곧 산산조각 날 달걀처럼 직접 존재에 떨어질 것이다. 탁, 깨어지는 달걀의 용기 또는 불운. 조금만 높이 올라가도 에트나의 불구덩이를 마주한 듯 공포를 느끼는 우리는 그렇게 중력에 몸을 실을 수 있을까? 그런 궁금증이 이 책을 위한 글쓰기를 이끌었다.

2023년 가을
서동욱

차례

1장

서론: 존재와 사유

1장

1. 고향찾기와 유목

고대로부터 철학이 몰두해온 영역은 존재론이었으나, 오늘날 현대 철학의 중심 역시 존재론이 차지하고 있다고 생각하기는 어렵다. 현대 적 사유는 존재론을 구성하기보다는, 존재론을 가능하게 한 조건들 또 는 존재론을 구성하는 언어 자체에 관심을 더 많이 가지는 것 같다. 가 령 푸코의 에피스테메에 대한 몰두나 데리다의 문자에 대한 분석에서 우리는 그런 모습을 발견한다. 이런 맥락에서, 과거에 비해 존재론에 대한 적극적인 논의가 약화된 현대에 밀도 높은 존재론적 성찰을 추구 한 하이데거와 들뢰즈의 사상은 특별한 의미를 지닌다고 할 수 있겠다. 존재론이 낡은 사회를 반영하는 이데올로기 같은 것이 아니라, 살아있 는 존재자들을 떠받치고 있는 것의 비밀을 알려주는 지혜라는 것을 드 러내 주었다는 점에서 말이다. 우리가 존재하는 이상 우리는 존재에 대 한 사유, 존재론을 떨쳐버릴 수 없다.

우리는 하이데거의 『존재와 시간』(1927)과 들뢰즈의 『차이와 반복』 (1968)을 현대 존재론의 대표적인 성과로 꼽는 데 주저하지 않을 것이다. 현대 존재론을 대표하는 이 두 사상가는 매우 큰 차이를 지니지만 그만큼 또 중요한 연관성을 가진다. 양자가 단순히 몇 가지 지엽적인 유사성을 통해 연관되는 것이 아니라, 존재의 진리 자체가 이 둘을 하나로 흡수해 들이고 있다고 해야 할 것이다. 이제 우리가 탐색해야 할, 두 사람을 근접시키고 또 원심력을 따라 이동하는 별들처럼 멀리 떼어놓기도 하는 문제의 장들은 어떤 것인가? 들뢰즈 철학의 전개를 줄곧 곁에서 비판적으로 지켜 보아왔던 바디우는 이렇게 쓴 적이 있다. "들뢰즈는……들뢰즈 자신이 스스로 생각했던 것보다 하이데거에 훨씬 더 가깝다고 확신한다."[1] 이 말이 진실이라면, 들뢰즈와 하이데거 사이에 자리잡은 모종의 근접성은 어디서부터 이야기할 수 있을까? 하이데거와 들뢰즈 사이에는 커다란 간격 역시 놓여있기에 저와 같은 구절은 다소 당혹스럽게 느껴질 수도 있겠다. 먼저 양자의 차이를 잘 드러내는 들뢰즈의 텍스트를 보도록 하자. 그는 『철학이란 무엇인가』에서 하이데거에 대해 이렇게 쓰고 있다.

> 아마도 이 엄격한 교수는 보기보다 더 미쳐있었을지도 모른다. 그는 인민(peuple), 땅(terre), 혈통(sang)을 착각했다. 왜냐하면 예술과 철학의 부름을 받은 인종(race)이란 순수하다고 자처하는 인종이 아니라, 억눌리고, 혼혈이며, 열등하고, 무정부적이고 유목적이며 어떻게 해볼 수 없이 **소수적인** 인종이기 때문이다.[2]

---

1 알랭 바디우, 박정태 옮김, 『들뢰즈─존재의 함성』, 이학사, 2001, 68쪽.

2 G. Deleuze & F. Guattari, *Qu'est-ce que la philosophie?*, Paris: Éd. de Minuit, 1991, 104~105쪽.

여기서 하이데거를 비판하며 들뢰즈가 내세우고 있는 것은 그의 후기 철학에서 큰 중요성을 가지게 되는, '소수 인민(peuple mineur)' 개념이다. 그것은 무엇인가? 소수 인민이 무엇인지를 언어 사용의 관점에서 적극적으로 규명하는 텍스트 가운데 하나는, '소수 문학(littérature mineure)을 위하여'라는 부제를 가진 들뢰즈의 『카프카』이다. "소수 문학이란 소수 언어의 문학이 아니라, 오히려 주류 언어 속에서 소수가 수행하는 문학을 가리킨다."[3] 그렇다고 소수라는 것이 주류 언어 안에서 사투리를 쓰는 집단 같은 것은 아니다. 왜냐하면 어떤 사투리는 실질적으로 표준말에 앞서서 사회·정치적으로 주류적인 위치를 점할 수 있기 때문이다. 오히려 소수라는 것은, 가령 괴테로 대표되는 주류적인 독일어의 변방에 놓여있는, 체코에 살았던 유대인 카프카의 독일어 같은 것이다. 또는 미국 흑인들의 영어 같은 것이다. 이런 소수로부터 어떻게 주류적인 것에 균열을 낼 수 있는 힘이 출현하는지를 기술하는 것이 소수 인민과 관련한 들뢰즈의 주된 관심사이다.[4] "소수적 쓰임새에 의해서 구멍 나지 않을 제국적 언어는 없다."[5]

반면 들뢰즈는 하이데거가 "인민, 땅, 혈통"을 뒤섞으며, 소수와 같은 일탈적이고 지반 없는 것이 아니라, '근원적인 것'으로 회귀하고자 했다고 평가한다. 실제로 하이데거는 히틀러가 총통으로 취임한 이듬해인 1935년 강의에서 존재에 관한 근본적 물음을 수행해야 하는, **"유럽**

---

3 G. Deleuze & F. Guattari, *Kafka: Pour une littérature mineure*, Paris: Éd. de Minuit, 1975, 29쪽.

4 이러한 '소수'의 의미에 대한 자세한 논의는, 서동욱, 「들뢰즈의 문학론-기호와 표현」, 『프랑스철학과 문학비평』, 한국프랑스철학회 엮음, 문학과지성사, 2008, 228~251쪽 참조.

5 G. Deleuze & C. Bene, *Superpositions*, Paris: Éd. de Minuit, 1979, 101쪽.

의 심장을 이루고 있는 우리 민족의 역사적 사명"[6]을 역설하고 있다. 사유에서의 근원적인 것이란 그리스인들의 것이다. 그런데 하이데거는 독일 민족과 독일의 역사를 통해서 그리스적 근원에 접근하고자 했고 그 시도는 구체적으로 독일 민족 사회주의에 대한 하이데거의 호응으로 가시화되었다는 것이 들뢰즈의 다음 문장이 담고 있는 바이다. "하이데거는 독일 역사의 최악의 순간에 독일인들을 통해 그리스인들에게 합류하고자 했다. 니체가 말했듯 그리스인을 기다리고 있었을 때 독일인을 마주하게 되는 것보다 더 최악의 상황이 있겠는가?"[7]

정치적인 맥락과 별도로, 근원적인 것으로의 회귀는 철학함에 있어서는 어떤 형태로 나타나는가? 바로 '철학사의 필연성'이라는 방식으로 나타난다. 들뢰즈는 말한다.

> 하이데거와 헤겔의 공통점은 그리스와 철학의 관계를 하나의 기원으로, 그리고 그렇게 해서 서양의 내적 역사의 출발점으로 파악한다는 것이다. 따라서 '철학은 필연적으로 그 자신의 고유한 역사와 뒤섞여 버린다.' 하이데거가 아무리 그것에 근접한다고 하더라도, 그는 탈영토화(déterritorialisation)의 운동에 거스를 뿐이다.[8]

들뢰즈가 몰두하는 기존의 질서나 코드로부터 벗어나는, '탈영토화'와 반대되는 일이 헤겔과 하이데거를 통해서 일어났다. 헤겔이나 하이데거에게선 철학연구는 철학사 연구 자체이다. 그리스인들의 사유 자체가 철학의 출발점일 뿐 아니라 향후 전개되는 철학에서 내적 원리로

---

6   마르틴 하이데거, 박휘근 옮김, 『형이상학 입문』, 문예출판사, 1994, 89쪽.

7   G. Deleuze & F. Guattari, *Qu'est-ce que la philosophie?*, 104쪽.

8   같은 책, 91쪽.

작동하기 때문이다. 다르게 말하면 현금의 철학적 사유를 위한 개념은 '역사적으로 전승된' 개념인 것이다. 아래 『철학에의 기여』에서 읽을 수 있듯 하이데거는, 가령 '존재' 개념 자체를 역사적인 것으로 이해한다. "우리의 존재는 **역사적 존재**, 즉 정확히 말하자면 우선은 우리에게 전수된 기존의[이미 있어 온] 존재이기 때문에 필연적으로 숙고는 **철학의 역사의 진리에 관한** 물음이 된다."(『기여』, 82쪽; 대괄호–옮긴이) 존재가 역사적이기에 존재 개념에 대한 선이해를 바탕으로 존재에 대한 물음 역시 던질 수 있는 것이다. 이와 달리 들뢰즈는 철학함의 핵심이 개념이 가지는 '역사성' 보다 개념의 새로운 '창조'에 있다고 이해한다. "철학을 그의 고유한 역사로 환원시킬 수는 없다. 왜냐하면 철학은 새로운 개념들을 창조하기 위해 이 역사로부터 끊임없이 벗어나기 때문이다."[9] 하이데거 철학이 근원에 가닿고자 하는 '고향 찾기의 꿈'을 가지고 있다면, 들뢰즈 철학은 역사적으로 형성된 터전을 떠나는 '유목민의 꿈'을 가지고 있다. '거주'와 '유목'이 이 두 사람을 근본적으로 갈라놓고 있다. 하이데거의 예술가가 근원적인 것을 찾고자 하는 횔덜린이라면, 들뢰즈의 예술가는 보헤미아의 뿌리뽑힌 소수로서 카프카이다.[10]

이러한 간격에도 불구하고 하이데거와 들뢰즈의 철학은 만나고 있는 걸까? 그럴 것이다. 우리는 '존재'와 '사유'라는 영역에서 두 철학자가 어떻게 만나는지부터 살펴볼 것이다. 존재와 사유가 철학의 가장 근본

9 G. Deleuze & F. Guattari, *Qu'est-ce que la philosophie?*, 92쪽.

10 또한 우리는 존재론의 근본개념에서도 하이데거와 들뢰즈 사이에 중요한 차이를 발견할 수 있을 것이다. 가령 하이데거는 '가능성(Möglichkeit)' 개념을 통해 존재를 이해하는 철학자임에 반해, 들뢰즈는 가능성 개념을 비판하며 '잠재성(virtualité)' 개념을 존재를 파악하기 위한 근본으로 내세우는 철학자이다.(이에 대한 자세한 논의는 서동욱, 『타자철학—현대 사상과 함께 타자를 생각하기』, 반비, 2022, 543~549쪽 참조)

적인 영역인 만큼, 다른 어떤 부가적인 차원보다도 이 영역에서 두 사람의 연결 고리를 확인하는 일이 가장 앞서 와야 하는 과제이다. 그런 연후 우리는 보다 구체적인 차원으로 진입해 하이데거와 들뢰즈가 공유하는 존재론의 핵심 개념들을 다루어 볼 수 있을 텐데, 그것이 바로 '차이(différence)'와 '반복(répétition)'이다. 덧붙여 말하자면, 양자의 연결 고리의 확인이 우리가 앞서 살펴본 두 사상가가 가지는 중요한 거리를 없애버리지는 않을 것이다.

2. 존재: 반(反)데카르트주의, 차이

단순화된 말의 위험을 무릅쓰고 하이데거와 들뢰즈 철학의 핵심을 단적으로 표현하자면 '인식론에서 존재론으로'라고 할 수 있겠다. 들뢰즈는 존재론이 가장 앞서오는 철학이라는 것을 다음과 같이 간단히 표현한다. "철학은 존재론과 동일시"[11]된다. 여기서 우리는 인식론에서 존재론으로 중심점을 옮기는 철학의 기본적인 의미를 다음과 같이 규정하고자 한다. 그것은 의식에 소여되는 바에서 출발하는 철학으로부터, 의식 이전의 근본적인 층위, 존재의 층위로 관심을 돌리는 철학이라고 이해할 수 있겠다. 그렇다면 후설 이전에, 그리고 칸트 이전에 의식을 근본의 자리에 두고서 철학을 시작했던, 근현대 의식 철학의 기원이라 해도 좋을 이는 누구인가? 바로 데카르트이다. 따라서 '인식론에서 존재론으로'라는 철학의 방향이 지니는 주요한 한 면모는 '반데카르트주의'로 표현될 수 있다. 당연한 얘기지만 이는 데카르트에게 존재론이 없

21

---

11 질 들뢰즈, 이정우 옮김, 『의미의 논리』, 한길사, 1999, 303쪽.

1장 서론: 존재와 사유

다는 뜻이 아니라 코기토에 매개된 것으로서 존재에 접근하는 길을 외면한다는 뜻이다.

'주체(subjectum, subject)'라는 말은 그리스어 '휘포케이메논(ὑποχείμενον)'에서 온 것이다. 이 말은 모든 것을 한데 모아 떠받치는 근거라는 뜻을 지닌다. 그리스인들에게 휘포케이메논은 모든 다양한 존재자들을 주관하는 원리(아르케)로서의 '피시스(자연)'였으며, 따라서 휘포케이메논은 인간이 넘볼 수 있는 자리가 아니었다. 그러나 근대에 데카르트와 더불어 인간 의식이 주체가, 휘포케이메논이, 곧 근거가 되었다. 존재자들의 존재함의 방식과 인식의 근거 자리에 인간 의식이 놓인 것이다. 달리 말해 인간 의식 내재적인 본유관념에 따라 사물들은 존재하고 또 인식되었다. 구체적으로 사물들은 연장(延長, extension)으로 이해되었는데, 연장이란 기하학적 질서 아래 있는 것이고, 기하학적 질서는 인간 내재적인 본유관념이다. 말 그대로 인간이 존재자들의 근거의 자리, 주관하는 자인 주체의 자리에 놓인 것이다. 반데카르트주의의 주요 입장은 인간이 주체, 즉 근거가 되었다는 사상에 대한 반론으로 채워진다. 현대의 여러 사상적 입장을 대변하는 표현을 빌자면, 인간 의식이 주체의 자리를 차지한 것에 대한 반발은 '반인간주의'라는 이름을 가진다. 이 반데카르트주의 또는 반인간주의는 들뢰즈에게서, 그리고 하이데거에게서 어떻게 이야기될 수 있을까?

인간 의식의 근본성에 대한 회의 또는 인간이 주체(근거)라는 것에 대한 반발을 단적으로 표현하고 있는 들뢰즈의 문장부터 읽어보자. 『스피노자와 표현 문제』에 나오는 아래 구절은 반데카르트적 입장, 인간이 주체, 근거라는 점에 대한 회의를 잘 보여 주고 있다.

우리가 '대상'이라고 부르는 것은 단지 어떤 대상이 우리 신체에 초래하는 결과[효과]일 뿐이다. 우리가 '나'라고 부르는 것은 단지 우리 신체와 영혼이 어떤 결과[효과]를 겪는 한에서 우리가 우리 신체와 영혼에 대해 갖는 관념일 뿐이다.[12]

'나'라는 호칭이 가능하려면, 의식이 자신을 의식하고 있어야 하며, 자신과 관계하는 이 의식은 '자기의식'이라 불린다. '나'라는 호명 속에서 출현하는 자기의식, 즉 코기토는 데카르트가 발견한 존재자들의 최종 근거로서 주체이다. 이에 반해 윗글에서 핵심적으로 제시되는 것은 인간 주체, '나'라고 불리는 것은 근거 또는 원인이 아니라 결과의 관념일 뿐이라는 것이다. 어떤 것이 우리 신체에 미친 결과(효과), 우리는 그것을 대상으로 파악하고 그 결과의 영향을 받는 한에서 파악된 것, 그것을 나라고 부른다. 스피노자주의자로서 들뢰즈가 가지고 있는 입장, 또는 스피노자 자신의 입장은, 진정한 인식이라는 것은 원인에 대한 인식을 통해서 이해된 결과라는 것이다. "결과에 대한 참된 인식 자체가 어떻게 그 원인에 대한 인식에 의존하는지 보여 주어야 한다."[13] 원인에 대해 무지할 때는 결과를 원인으로서, 근거로서 착각하게 된다. 데카르트에 대해 제기되는 비판의 초점은 자아 또는 자아의 의식은 원인이나 근거가 될 수 없고 결과에 불과하다는 것이다. 따라서 근본적인 것에 대한 탐구는 의식에 의존해서 수행할 수 없다. 의식에 의존해서 수행할 수 없다는 것은, 의식이 체험하는 바를 탐구하는 방식으로는 근원적인 것에 도달할 수 없다는 것이다. 의식은 늘 이차적이고 제한적인 까닭이다. 들뢰즈는 말한다.

12 질 들뢰즈, 현영종·권순모 옮김, 『스피노자와 표현 문제』, 그린비, 2019, 175쪽.
13 같은 책, 189쪽.

의식은 자신의 대상이 되는 관념과 관련하여 항상 이차적이며, 첫 번째 관념이 갖는 만큼의 가치만을 갖는다.……우리는 외부 신체들이 우리의 신체에 미친 작용의 결과에 대한 관념의 의식만을, 즉 변용에 대한 관념의 의식만을 갖고 있다.……의식은 관념의 반성이고, 첫 번째 관념이 갖는 가치만큼만 가치를 갖는다는 바로 이러한 이유 때문에, 의식을 갖는다는 것은 그 자체로는 어떠한 능력(pouvoir)도 갖고 있지 못하다.[14]

의식은 외부 사물이 우리 신체에 미친 효과(결과)의 관념에 대한 반성이라는 점에서 이차적이다. 그리고 의식은 사물 자체의 질서보다는, '사물이 우리 신체에 미친 효과 그 만큼에 대해서만' 반성을 할 수 있다. 따라서 자기의식이 체험하는 바에 전적으로 의존하고서는 저 효과의 '원인'을 이루는 질서, 존재하는 것 자체의 근본적인 질서에 도달하지 못한다. 결국 자기의식에 대한 탐색이 아닌, 그 배후의 보다 심층적인 존재 자체에 대한 탐구로 눈길을 돌려야 하는 것이다.

하이데거의 경우는 어떤가? 들뢰즈와 마찬가지로 하이데거에게서도 반데카르트주의는 핵심적이다. 데카르트에 반대해서 존재론을 꾸며나가는 『존재와 시간』의 구절들을 차례로 읽어보자.

데카르트는 세계내부적인 존재자에게로 인도하는 적합한 접근통로의 문제를 제기할 필요가 없었다. 끊기지 않은 전통 존재론의 지배 아래에서 본래적인 존재자의 진정한 파악 양식에 대해서는 애초에 결정이 내려져 있었다. 그 파악 양식은 노에인(νοεῖν), 즉 가장 넓은 의미의 '직관'에 있다. 디아노에인(διανοεῖν), 즉 '사유함'은 단지 하나의 기초지어진 이행형태일 뿐이다. 이러한 원칙적인 존재론적 방향

---

14 질 들뢰즈, 박기순 옮김, 『스피노자의 철학』, 민음사, 1999, 92~94쪽.

정립에서부터 데카르트는 여전히 가능한 직관하면서 인지하며 존재자에 이르는 접근양식에 자신의 '비판'의 화살을 겨냥한다. 즉 사유(intellectio)에 대비하여 감각(sensatio, αἴσθησις)을 비판한다.(『존재와 시간』, 137쪽)

핵심은 이런 것이다. 데카르트 철학은 과거로부터 벗어난 새로운 사상처럼 보이지만, 사실 전통적인 인식론과 존재론의 지배를 받고 있다. 데카르트는 무지반에서 철학을 시작하고자 그 유명한 회의를 진행했지만, 결과적으로는 전통 존재론이 대상을 파악하는 방식을 의심 없이 그대로 계승하고 있었을 뿐이다. 그 방식이란 무엇인가? 노에인, 즉 넓은 의미에서의 직관이다. 이 직관의 뒷받침에 힘입어 수행되는 것이 디아노에인, 즉 사유이다. 그리고 우리가 잘 알고 있는 근대합리론이라는 명칭에 걸맞게, 저 직관적 인지 방식에서 사유만이 남겨지고 아이스테시스, 즉 감각은 비판적으로 제거되었다. 결과적으로 데카르트는 전통적으로 제시된 인식 방식의 테두리 안에 머물러 있었던 것이다. 그의 회의는 전통적 인식 방식 안에서 이루어진 것이지, 이 방식 자체를 문제 삼았던 것은 아니다. 즉 전통적인 인식 방식인 사유(intellectio)와 감각(sensatio)을 저울질하고, 감각을 평가 절하하며 사유의 편을 들어준 것에 불과하다. 아래 『존재와 시간』의 구절에서 따옴표 속의 문장은 데카르트의 『철학의 원리』에서의 인용이다.

감각은 도대체 존재자를 그것의 존재에 있어 인식하도록 해주지 않으며 단지 '외부의' 세계내부적인 사물들이 육체와 결합된 인간존재에 도움이 되는지 해가 되는지만을 알려줄 뿐이다. '그러나 감각적 지각은 어떤 종류의 사물이(물체가) 그것 자체에서 실재하는지는 우리에게 가르쳐주지 않는다.' 우리는 감각을 통해서는 존재자의 존재에 대해서는 아무런 설명도 얻을 수 없다.(같은 책, 137~138쪽)

감각을 회의에 부친 결과 남겨진 것은 무엇인가? 대상을 공간을 차지하고 있는 것, '연장'으로 파악하는 것이 그 결과물이다. "데카르트는 어떤 것을 인지함의 존재 양식을 그가 아는 유일한 존재 방식으로 옮겨놓는다. 어떤 것을 인지함은 이제 눈앞에 있는 두 개의 연장된 사물이 일정하게 나란히 눈앞에 있음이 된다."(같은 책, 138쪽) 오로지 연장되어 있다는 것, 공간을 차지하고 있다는 것만이 존재자의 사실로 남는다. 아울러 현존재 역시 같은 방식으로 실체로 이해된다. "……'현존재'의 존재를 데카르트는 연장된 사물의 존재와 동일한 방식으로 실체로 파악한다."(같은 책, 139쪽)

데카르트는 전통 존재론이 대상을 인식하는 방식 가운데 감각적인 것을 불신한다. 데카르트가 대상의 실체성을 연장으로 규정한 것은 저 감각적인 것을 소외시킴으로써이다. 말했듯, 이것은 새로운 탐구의 결과라기보다 기존의 존재론이 대상에 접근하는 방식에다 '감각적인 것은 부족한 방식이다'라는 견해를 첨가한 것이다. 그것은 새로운 것이 아니라 대상에 대한 기존의 접근 방식의 범위를 좁혀서 제시한 것이다. 그렇게 데카르트는 '연장 속성'에 도달했다. 이렇게 연장으로서 대상을 파악하는 것의 문제는 무엇인가? 역시 아래 『존재와 시간』에서 가져온 글에서 따옴표 속의 문장들은 하이데거가 데카르트의 『철학의 원리』에서 가져온 것이다.

데카르트는 실체성에 대한 존재론적인 물음을 도대체 회피할 뿐이 아니라 또한 실체 그 자체가, 다시 말해서 실체성이 선행적으로 그 자체에서 그 자체에게 접근 불가능하다고 분명하게 강조하고 있다. '그러나 실체는 그것이 실재하는 것이라는 사실 하나만으로 즉시 인식되는 것이 아니다. 왜냐하면 이것 자체만으로는 우리를 촉발하지 못하기 때문이다.' '존재' 자체는 우리를 '촉발하지' 못하며 그래서 그것은 인식되지 못한다. 칸트는 데카르트의 문장을 반복하여 '존재는 실제적 술어가 아니다'라고 말한다. **이로써 원칙적으로 존재를 순수하게 문제삼을 수 있는 가능성이 포기되고 다른 돌파구를 찾아 앞에서 특징지은 식으로 실체를 규정하기에 이르렀다. '존재'가 실제로 존재자로서 접근될 수 없기 때문에, 존재가 해당 존재자의 존재하는 규정성, 즉 속성에 의해서 표현되고 있다.** 그러나 멋대로의 임의의 속성에 의해서가 아니라 드러나지는 않지만 그래도 전제되고 있는 그 존재의 의미와 실체성을 가장 순수하게 충족시키고 있는 그러한 속성들[연장]에 의해서 표현된다. 물체적 사물인 유한한 실체에게 일차적으로 필연적으로 '지정된 것'은 연장성이다. '실제로 우리는 사유함과 연장되어 있음이 배제된 실체보다 따로 연장된 실체 또는 사유하는 실체를, 훨씬 쉽게 이해한다.' 왜냐하면 실체성이란 이성적 부류의 것으로서, 실체적인 존재자 자체와 같이 실제적으로 분리되어 앞에 놓일 수 있는 것이 아니기 때문이다. 이렇게 해서 연장된 사물로서의 '세계'에 대한 규정의 존재론적 근본토대가 명백해졌다. 즉 그것의 존재의미가 설명되지 않았을 뿐만 아니라 설명될 수 없는 것으로 제시된 실체성의 이념은 그때마다의 실체가 지니고 있는 가장 탁월한 실체적 고유함을 찾는 에움길을 거쳐서 서술되었다.……실체가 가지고 있는 하나의 존재하는 속성에서부터 이해되고 있다.(같은 책, 134쪽)

하이데거는 무엇을 지적하고 있는가? 데카르트는 실체로서의 존재자의 속성을 연장으로 규정했다. 이때 그는 연장을 실체를 이해하기 위한 통로로서 제시하고 있다. 다시 말해 연장이라는 속성을 통하는 길 말고, 실체 그 자체의 존재함이 무엇인지에 대해선 아무런 답도 제시하고 있지 못하다. 그래서 하이데거는 이렇게 말한다. "데카르트는 실체성에 대한 존재론적인 물음을 도대체 회피할 뿐이 아니라 또한 실체 그 자체가, 다시 말해서 실체성이 선행적으로 그 자체에서 그 자체에게 접근 불가능하다고 분명하게 강조하고 있다." 실체의 존재함 자체는 데카르트에게에서는 접근될 길이 없는 것이다. 그것은 말 그대로 '망각'되었다. 위에서 칸트의 주장이 알려주듯 속성은 실제적 술어의 자리에서 알려지지만, 존재는 실제적 술어가 아니다. 속성에 대한 인식을 통해서는 실체의 존재함에 도무지 접근할 수 없는 것이다. 속성들의 실재성과 그것들의 존재함 사이에는 '차이'가 있다.

바로 이런 비판을 디딤돌 삼아 하이데거는 '차이' 개념의 근본성을 발견한다. '존재론적 차이(ontologische Differenz, ontologischer Unterschied)'라는 개념의 근본성 말이다. "우리는 언제나 이미 존재자와 존재를 이 둘의 차이 속에서 만나고 있는 것이다."[15] 실체의 속성들에 대해서 언급하는 것은 존재적(ontisch) 차원의 문제이며, 이는 실체의 존재함에 대한 사유, 즉 존재론적(ontologisch) 차원의 사유와 근본적으로 구별된다. 그리고 이 구별은 존재론적 차이의 개념을 통해서 사유할 수 있다.

그리고 이와 관련하여 우리는 또한, 왜 하이데거에게서 '기분(Stimmung)'의 문제가 그토록 중요한지 역시 이해할 수 있다. 위에서 하이데거가 다루고 있는 전통 인식론적 개념의 맥락에서 이야기하자면, 존재적 차원에서 존재자의 속성은 사유(intellectio)와 감각(sensatio)을 통해서 인식할 수 있다. 칸트는 이 두 가지를 인식을 가능하게 하는 두 능력으로서 지성과 감성으로 표현하기도 했다. 그러나 이와 근본적인 '차이'를 지니는 존재론적 차원의 문제인 존재자의 존재함은 데카르트의 한계가 알려주었듯, 저와 같은 인식 능력들을 통해서 접근할 수 없다. 따라서 존재에 접근하기 위해서는 지성적인 것도 감성적인 것도 아닌 제삼의 길이 필요한데, 그것이 바로 기분이다. 불안(Angst), 섬

15 마르틴 하이데거, 신상희 옮김, 『동일성과 차이』, 민음사, 2000, 54쪽.

뜩함(Unheimlichkeit), 편치않음(Un-zuhause) 등 기분에 대한 하이데거의 논의는 유명하다. "불안 속에서는 사람이 '섬뜩해진다.' 거기에서는 우선 현존재가 불안 속에 처해 있는 그곳의 독특한 무규정성이, 즉 **아무것도 아님과 아무 데에도 없음**이 표현되고 있다. 그러나 섬뜩함은 거기에서 동시에 '마음이 편치 않음'을 의미한다."(『존재와 시간』, 257쪽) 여기서 핵심은 불안 속에서 '아무것도 아님과 아무 데에도 없음'이 표현된다는 것이다. 불안 속에서 '아무것도 아님', '아무 데에도 없음', 즉 '무(無)'가 모습을 나타내며, 무는 존재의 짝개념으로서 존재론적인 것이다. 불안 속에서 느끼는 섬뜩함은 그 말뜻 그대로 무를 드러낸다. 섬뜩함(Unheimlichkeit)은 집(heim)이 없다는 것, 즉 섬뜩함을 느끼는 존재자의 바탕, 근거가 없다는 것이다. 그러니까 현존재의 존재함의 정체란 곧 근거 없음, 무이다. 존재에 대한 이러한 접근의 새로움은 어디에 있는가? 바로 서양 철학이 오래도록 탐구해왔던 개념, 즉 모든 존재하는 것은 존재의 이유를 가진다는 '충족이유'를, 이제 이유 없음이, 즉 무가 대체한다는 데 있다. 존재자는 이유 없이 존재 안에 던져져 있을 뿐이다.(내던져져 있음(피투성(被投性), Geworfenheit)

이렇게 우리는 하이데거가 반데카르트주의적 맥락에서 어떻게 '존재 이해의 길'을 발견하고, 존재에 접근하는 핵심 개념으로서 '차이'를 발견하는지 알게 되었다. 들뢰즈에 대해서도 우리는 같은 이야기를 할 수 있을 것이다. 들뢰즈 역시 하이데거처럼 반데카르트적인 노선 속에서 존재를 표현하는 개념으로서 '차이'를 발견하고 있다. 이 과정에서 들뢰즈 철학에는 하이데거에게선 큰 주목을 받지는 못했던 스피노자가 끼어든다. 우리는 앞서 다룬 하이데거의 데카르트 비판과 연결 지으며 들뢰즈의 존재론을 풀어갈 수 있다. 앞서 들뢰즈가 데카르트적 의식 철학과 관련하여, 인간 의식에 매개되는 것으로서 대상의 속성이 어떤 한계를 지니는지 비판적으로 탐색하는 모습을 살폈다. 이제 관건이 되는 것은 그러한 인간 의식에 매개되는 것으로서의 속성이 아닌, 스피노자에서 신적인 유일 실체의 본질을 이루는 것으로서의 속성이다. 들뢰즈는 『안티 오이디푸스』에서 스피노자와 관련하여 이렇게 말한다. "궁극적 요소들(무한한 속성들)은 **서로 의존하지 않으며** 그들 사이에 **대립 관계도 모순 관계도 없기 때문에**, 신[실체]에게만 귀속 가능하다는 것이다. 직접적 관련성이 전혀 없다는 것은 그 요소들이 공통적으로 신적 실체에 속한다는 것을 보증한다."[16] 속성들, 가령 연장과 사유 사이엔 대립 관계도 모순 관계도 없다. 그럼 속성들 사이엔 무엇이 있는가? 오로지 '차이'만이 있다. 속성과 실체 사이엔 어떤 관계가 있는가? 속성은 실체의 '본질(essence)'뿐 아니라, '실존(existence)' 역시 표현한다.[17] 이는 속성과 별도로 실체가 실존하지 않는다는 것을 뜻한다. 다르게 말하면 속성에 대해 외재적으로 실존하는 실체란 없다. 속성에 대한 이해와 별도로 실체의 존재함이 무엇인지 이해해야 하는 과제는 성립하지 않는다는 것이다. 이것이 뜻하는 바는 무엇인가? 유일 실체의 실존 또는 존재란 속성들 사이의 '차이' 외에 다른 것이 아니라는 것이다. 결론적으로 하이데거에게서 차이가 존재가 일컬어지는 방식이었듯, 들뢰즈에게서도 차이는 존재가 일컬어지는 방식이다. 스피노자를 배경으로 한 이러한 차이의 사상은 다음 장에서 보다 자세히 살펴보게 될 것이다.

　마지막으로, 스피노자와 그의 환생이라 해도 좋을 들뢰즈 사고방식의 성격을 이해하기 위해서, 이들의 사유를 스피노자의 비판적 교정자인 헤겔과 잠깐 비교해 볼 필요가 있다. 『정신현상학』의 다음 구절은

16　G. Deleuze & F. Guattari, *L'anti-Œdipe*, Paris: Éd. de Minuit, 1972, 369쪽.
17　질 들뢰즈, 『스피노자와 표현 문제』, 9쪽 참조.

'존재는 차이를 통해 드러난다는 존재론적 입장'과 대척지에 놓여 있다. "애초부터 있는 그대로의 것과 그것이 얻어내려는 것과의 사이에는 분명히 **차이**[Unterschied]가 있지만 이는 외관상의 차이에 지나지 않는 바, 바로 이 **차이를 극복하는 데서 유기체는 개념이 된다.**"[18] 헤겔에게서 두 항 사이의 차이는 근본개념이 아니라 '지양'해야 할 개념이다. 스피노자와 들뢰즈에서 차이가 전체 존재가 현실화되는 길이라면 헤겔은 차이의 극복을 통해서 유기체로서의 전체에 도달하고자 한다. 이는 다르게 말하면, 차이 개념이 변증법에 추동력을 제공하는 모순 개념으로 흡수되는 일이다. 다음 장들에서 자세히 보겠지만, 헤겔 비판을 위한 하이데거와 들뢰즈의 공통적 노력은 '차이(différence)' 개념이 근본적이며, 변증법의 '부정성(négativité)'은 부대적이라는 점을 보이는 것이다. "부정적인 것, 부정성은 차이의 현상을 붙들지조차 못한다. 다만 차이의 환영이나 부대 현상만을 받아들일 뿐이다. 모든 정신현상학은 부대현상학이다."(『차이와 반복』, 136쪽. 또한 『존재와 시간』, 82절 참조)

3. 사유: 사유 안의 비사유, 정신적 자동기계, 기호해독

이렇게 반데카르트주의는 '나는 생각한다, 고로 존재한다'는 방식으로는 존재에 접근할 수 없다는 것을 보였다. 반데카르트주의는 존재가 자기의식에 매개되지 않고 직접 출현할 수 있는 길을 열었으며, 위에서 보았듯 그 길이란 '차이'의 개념이다. 이런 길이 열렸다는 것은 자기

---

18 G. W. F. 헤겔, 임석진 옮김, 『정신현상학』, 한길사, 2005, 1권, 295쪽.

의식(코기토)의 인식하는 활동의 배후에 보다 심층적인 차원으로서 존재가 자리 잡고 있다는 것을 뜻한다. 그럼에도 우리는 사유한다. 이것이 뜻하는 바는 사유는 자기의식(코기토)의 전유물이 아니며, 코기토보다 심층적인 차원에 있다는 것이다. 코기토를 통해 표현되는 자발적 이성의 차원에서는 진정한 사유가 이루어지지 않는다고 말해도 좋을 것이다. 하이데거의 『사유란 무엇인가』의 다음 구절은 그 점을 말하고 있다. 뒤에 확인하게 되겠지만, 매우 흥미롭게도 『사유란 무엇인가』의 주요 주제들은 들뢰즈에게서도 발견된다. 하이데거가 1951년과 1952년 사이에 행한 강의를 엮은 이 책은 들뢰즈가 '사유' 문제를 다루는 『차이와 반복』이나 『시네마Ⅱ』의 장들에서 가장 중요하게 취급하는 작품 가운데 하나다.

> 인간은 사유할 수 있는 자로 불리고 있는데, 이것은 당연하다. 왜냐하면 인간은 이성적 생물(das vernünftige Lebewesen)이기 때문이다. 이성, 즉 라시오(ratio)는 사유에서 펼쳐진다. 이성적 생물로서 인간은 의당 사유하고자 하기만 한다면 사유할 수 있을 것이다. 그럼에도 불구하고 인간은 아마도 사유하기를 원하면서도 사유하지 못할 수도 있다. **필시 인간은 사유하고자 하는 이러한 의욕[Denkenwollen]에서 너무 많이 원하지만, 도리어 그 때문에 할 수 있는 일이 거의 없다.**[19]

저렇게 말하는 까닭은 사유가 사유하고자 하는 의욕이라 일컬어지는 코기토의 자발성에 매개되지 않는 보다 심층적인 것으로부터 인도되기 때문이다. 우리는 존재자가 근본적으로 어떻게 존재하는가라는

---

19 마르틴 하이데거, 권순홍 옮김, 『사유란 무엇인가』, 길, 2005, 49쪽.

물음이 코기토를 매개로 해서는 답을 얻지 못한다는 것, 코기토가 발견하지 못하는 차이 개념에서 답을 찾는다는 것을 보았다. 당연히 이제 해명해야 하는 것은, 사유가 더 이상 자기의식에 매개되지 않을 때 사유란 도대체 무엇인가라는 문제이다. 코기토 없는 사유란 어떤 것인가?

'존재'뿐 아니라 '사유'를 해명하는 과제에서도 하이데거와 들뢰즈는 매우 긴밀한 관계를 가진다. 구체적으로 들뢰즈 사유론의 핵심 개념 가운데 하나가 '정신적 자동기계(automa spirituale, automate spirituel)'인데, 이 개념이 하이데거와의 관련성 속에서 제시된다. 이런 사실은, 이 개념의 기원이 스피노자와 라이프니츠에게 있고, 합리론 철학에서 핵심적인 이 개념을 들뢰즈가 『스피노자와 표현 문제』 등에서 주요하게 분석했다는 사실을 아는 이들에게는 놀랄만한 것일지도 모른다. 스피노자의 『지성교정론』 85절에 나오는 이 개념에 대해 들뢰즈는 이렇게 말한다.

> 영혼은 일종의 정신적 자동기계이다. 즉 사유할 때 우리는……우리가 관념들을 그것들 자체의 원인들에 따라서 그리고 우리 자신의 역량에 따라서 연쇄되게 만드는 법칙들인 사유의 법칙들에만 복종한다. 그 결과 우리는 우리의 이해 역량에 들어오는 모든 것들을 원인들에 의해서 인식하지 않고서는 우리의 이해 역량을 인식하지 않는다.[20]

사유의 메커니즘을 나타내는 이러한 정신적 자동기계란 주어진 모든 관념은 필연적인 원인과 결과의 법칙에 복종한다는 것을 표현한다. 또한 이는 사유의 기원은 자유로운 의욕 같은 것이 될 수 없다는 점을

---

20 질 들뢰즈, 『스피노자와 표현 문제』, 167쪽.

함축한다. 사유의 시작이 '사유에 대한 자발적 의욕(Denkenwollen)'에 의
존하지 않는다는 점은 위에서 읽은 하이데거의 말 속에서도 공통적으
로 확인할 수 있는 것이었다. 그런데 들뢰즈는 그의 사상적 여정의 후
기에 와서는, 정신적 자동 기계가 가지는, 사유는 자유로운 의욕에 의
해서 시작되지 않는다라는 함의를 유지하면서도 이 개념에 전혀 다른
새로운 의미를 부여한다. 그리고 이 새로운 의미는 하이데거와의 밀접
한 관련성 속에서 정신적 자동 기계에 부여된다. 들뢰즈는 『시네마Ⅱ』
에서 영화에 관한 논의를 배경으로 이렇게 말한다.

> 정신적 자동기계는 고전철학[스피노자와 라이프니츠의 철학]에서
> 말하는, 형식적으로 하나의 사유에서 다른 사유들을 연역해내는
> 논리적이고 추상적인 가능성을 지칭하는 것이 아니라, 사유가 운
> 동–이미지와 맺는 회로, **사유를 강요하는 것과 충격을 통해 사유하는**
> **것**, 즉 '정신쇼크(noochoc)'의 공통된 역량을 지칭한다. 하이데거는
> '인간은 사유할 수 있는 가능성을 갖고 있는 한 사유할 수 있다. 그
> 러나 이 가능성은 아직 우리가 그럴 수 있다는 것을 보증하지는 않
> 는다'라고 말한다.[21]

여기서 따옴표 안의 문장은 하이데거의 『사유란 무엇인가』에서 온
것이다.[22] 단적으로 말해 정신적 자동기계는 "사유를 강요하는 것과 충
격을 통해 사유하는 것"이다. 자기의식적 사유의 '자발성'과 반대되는
이 '강요'라는 개념이 지니는 중요성은 뒤에 보게 될 것이다. 이와 같은
정신적 자동기계가 가지는 함축을 설명해 주는 것이 위에서 들뢰즈가
인용하고 있는 하이데거의 작품 『사유란 무엇인가』이다. 일단 우리의 논

---

21 질 들뢰즈, 이정하 옮김, 『시네마Ⅱ』, 시각과 언어, 2005, 314~315쪽.
22 마르틴 하이데거, 『사유란 무엇인가』, 49쪽 참조.

의 맥락에선 영화론과 관련된 '운동—이미지' 같은 개념은 논외로 해도 좋을 것이다. 하이데거 텍스트로부터의 저 인용은 『차이와 반복』에서도 등장한다. 우리는 『차이와 반복』이 저 문장으로부터 이끌어내는 반데카르트주의의 중요한 함축을 읽어야 한다. "여기서 하이데거의 심오한 텍스트들을 되새겨보자. 그 텍스트들에 따르면, 사유는……어떤 보편적 본성의 사유(Cogitatio natura universalis)의 형식 아래 머물러 있는 한에서는 도대체 전혀 사유하지 않는다."(『차이와 반복』, 321쪽) 여기서 보편적 본성의 사유는 데카르트적인 코기토를 가리킨다. 데카르트는 방법적 회의의 프로그램을 진행했지만, 누구든 사유한다는 것이 무엇인지 보편적으로 알고 있다는 것을 전제하고 그 전제를 의심하지는 않았다. 『방법서설』에서 데카르트는 말한다. "양식(bon sens)은 세상에서 가장 공평하게 분배되어 있는 것이다. 누구나 그것을 충분히 지니고 있다고 생각하므로, 다른 모든 일에 있어서는 만족할 줄 모르는 사람이라도 자기가 가지고 있는 이상으로 양식을 갖고 싶어 하지는 않는다."[23] 여기서 누구나 가지고 있다고 이야기되는 '양식'이 바로 보편적 이성이다. 들뢰즈는 저 보편성의 형식에 대해 이렇게 말한다. "주관적이거나 암묵적인 전제라는 것이 무엇인지 보다 자세히 살펴보면, 그것은 '모든 사람들은……임을 알고 있다'라는 형식을 취한다."(『차이와 반복』, 291쪽) 데카르트의 회의에서 의아스럽게도 면제되어 살아남은, 의심받지 않고 암묵적으로 전제된 자발적 코기토가 지닌 이 보편성은 사실 '임의적인 것'이다. 사유의 바탕에는 근거없는 임의성이 있을 뿐이다. 그래서 들뢰즈는 보편적 코기토 아래 있을 때 사유는 전혀 이루어지지 않는다고 말하는 것이다. 사유의 가능성은 보편적이라고 전제된 코기토에, 보편적인 자

---

23 르네 데카르트, 이현복 옮김, 『방법서설』, 문예출판사, 1997, 68쪽.

발적 이성의 능력에 근거하지 않는다. 그렇다면 사유는 어떻게 시작되는 것일까? 『시네마Ⅱ』가 인용하고 있는 하이데거의 『사유란 무엇인가』의 또 다른 구절을 보자.

> 무엇보다도 사유를 자극하는 것은 우리는 아직까지 사유하고 있지 않다는 것이다. 비록 세계의 상태가 지속적으로 더욱더 사유하도록 하는 것이 되고 있다 할지라도, 여전히 아직 사유하고 있지 않다는. (…) 사유하도록 하는 현재 우리의 시간 속에서 가장 사유하도록 하는 것은 바로 우리는 아직 사유하고 있지 않다는 것이다.[24]

사유를 자극하는 것, 즉 사유를 시작하게 하는 것은 사유하고 있지 않다는 것, 곧 '비(非)사유'라는 것이다. 그런 뜻에서 이렇게 말할 수도 있을 것이다. "사유되어야 할 것이란 또한 사유불가능자 혹은 비-사유"(『차이와 반복』, 321~322쪽)이다. 사유가 보편적 코기토 또는 이성의 자발적인 활동으로부터 시작하지 않는다는 것은 하이데거가 지속적으로 강조하는 바이다.

> 사려되기를 바라는 것을, 즉 우리에게 사유하게끔 하는 그것을 결코 우리가 확정하는 것도 아니고, 우선 우리가 설정하는 것도 아니며, 또한 우리가 우리 앞에 세워 표상하는 것도 아니다.……몸소 가장 많이 사유하게끔 하는 그것은, 즉 **가장 깊이 사려되기를 바라는 것은 이것, 즉 우리가 아직도 사유하고 있지 않다는 것이다.**[25]

---

24 질 들뢰즈, 『시네마Ⅱ』, 369쪽.(마르틴 하이데거, 『사유란 무엇인가』, 52쪽 참조)
25 마르틴 하이데거, 『사유란 무엇인가』, 54쪽.

사유하고 있지 않음, 비사유가 사유를 하게끔 한다. 우리를 사유하게끔 하는 그것은 이성에 의해 표상되는 것이 아니다. 즉 이성의 자산인 본유관념 같은 것을 통해 정체성을 부여할 수 있는 것이 아니고, 자기의식에 매개되는 것이 아니다. 사유하게끔 하는 이것을 하이데거는 아래에서처럼 '가장 깊이 사려되기를 바라는 것'이라고 부른다.

> 우리는 사유하게끔 하는 그것을 사려되기를 바라는 것[ein Bedenklieches]이라고 호명하고 있다. 그러나 경우에 따라서 그때마다 한정된 관점에서 사려되어야 할 것이 아닌, 오히려 애초부터 고유하게, 그래서 고래로 꾸준히 사유하게끔 하는 그것이 바로 사려되기를 바라는 것 자체이다. 우리는 그것을 가장 깊이 사려되기를 바라는 것[das Bedenklieches]이라고 호명하고 있다. 가장 깊이 사려되기를 바라는 것이 사유거리로서 허여(許與)해 주는 것은, 즉 그것이 우리에게 하사해 주는 **선물**은 다름 아니라 자기 자신, 즉 우리들을 사유로 가도록 부르는 자기 자신일 뿐이다.……가장 깊이 사려되기를 바라는 것이 우리에게 수여해 주는 이러한 **선물**은 우리의 본질 속에 안전하게 감추어져 있는 본래적인 하사물이다.[26]

여기서 눈여겨 보아야 할 개념은 '선물'이다. 나중에 들뢰즈는 하이데거의 이 선물 개념을, 사유하도록 요구하는 '폭력' 개념으로 바꾼다. 이 '가장 깊이 사려되기를 바라는 것'이 허락해 주는 한에서 우리는 사유를 시작한다. 이런 점에서 가장 깊이 사려되기를 바라는 것은 사유를 시작할 수 있도록 해주는 '선물'이다. 사유 내재적인 자발성이 사유의 대상을 선택하는 것이 아니라, 사유의 자발성 보다 심층적인 저 선물이 비로소 사유할 수 있도록 해준다. 그렇기에 사유란 곧 선물에 대

---

26 같은 책, 186~187쪽.

한 감사이다. "우리가 감사이었다고 표시해야만 하는 우리의 본질의 본
래적인 하사물은 바로 가장 깊이 사려되기를 바라는 것에서 연유하는
것이다.……그렇다면 최고의 감사는 필경 사유가 아닐까?……순수한 감
사는 우리가 오로지 사유한다는, 요컨대 본래적으로 유일하게 사유되
어야 할 것을 사유한다는 그것이다."[27] 그런데 무엇이 깊은 사유를 바
라고 요구하는 것인가? 존재자로서의 코기토의 배후에 있는, 존재론적
'차이'의 개념이 엿볼 수 있도록 해주는, 존재자의 '존재'가 사유를 요
구하는 것이다. "존재자가 존재한다는 이것이 언명되어야 하고 사유되
어야 한다."[28] 선물을 주듯 존재론적 차이를 통해 존재가 말 걸어 오고
비로소 사유가 시작된다. 요컨대 코기토가 아니라 차이가 사유를 존재
에 가닿게 하는 것이다. 구체적으로 그 국면은 이렇게 이야기될 수 있
다. 여기 두 개의 구절이 있다.

> 존재자의 존재는 가장 잘 보이는 것이다. 그러나 어쨌든 우리는 으
> 레 그것을 보지 않고 있다. 설령 본다 해도 노고가 따르지 않으면
> 안 된다.[29]

> ……우리는 우리의 본질에서 이미 존재의 말걸어옴(Anspruch)에 개
> 방되어 있는 것이다. 그렇지만 사유가 준비할 수 있는 이러한 존재
> 에 대한 개방성[Offenheit]은 그 하나만으로는 인간의 구제를 위해
> 서 아무 일도 할 수 없다. 존재에 대한 관련의 본래적인 개방성은
> 인간을 구제하기 위한 필요조건일지언정 충분조건은 아니다. 그렇
> 지만 사유가 자신의 일에, 다시 말해서 존재자 자체를 뒤덮고 있는

---

27 같은 책, 201쪽.
28 같은 책, 244쪽.
29 같은 책, 126쪽.

안개를 열어젖혀야 할 자신의 일에 전념할 때, 사유는 그 틈새가 다시 막히지 않도록 궁리해야 할 것이다.[30]

우리들, 즉 존재자들은 존재에 대해 또는 존재의 말걸어옴에 대해 개방되어 있는데, 사실 이건 당연하다. 왜냐하면 존재자는 존재함을 통해 존재자가 된 까닭이다. 그러나 이것만으로는 존재의 의미를 사유하기에 충분치 못하다. 존재에 대한 개방성은 존재함의 본래적 의미가 존재자에게 밝혀져 있다는 것을 의미하지는 않는다. 존재함을 통해 존재자로 출현했으나, 왜 존재하는지에 대해 답을 하지 못하는 우리 자신을 보면 알 수 있듯이 말이다. 또한 (이것이 최악의 상황일 수도 있는데) 언제든지 사유하는 존재자가 코기토가 됨으로써 존재의 개방성 자체가 닫힐 수도 있다. 근원은 잊히고 코기토의 개념들을 통해 표상되는 존재자들만이 사유의 대상이 될 수 있는 것이다. 위의 인용이 표현하고 있는 대로, 존재의 의미를 사유하기 위해서는 '노고'가 필요하다. 그 노고에 속하는 것을 하이데거의 핵심적인 개념에서 찾자면 '결단성(Entschlossenheit)'일 것이다. 간단히 말해 결단성은 '의지'와 달리 존재자를 대상으로 하지 않고, 본래적인 존재함에 관여한다. 결단성에 대해선 존재의 본래적인 의미를 상속받기 위한 노고로서 '반복'을 다루는 이 책의 3장에서 살펴보게 될 것이다.

이러한 비코기토적인 사유에 대한 사상은 하이데거뿐 아니라 들뢰즈에게서도 근본적이다. 앞서 잠깐 이야기했듯 들뢰즈에게선 코기토, 자기의식의 배후에서 사유를 가능하게 하는 하이데거의 저 '선물'이 '폭력'으로 대체된다. 선물과 폭력은 공통적으로 자기의식의 자발성이 사

39

---

30 같은 책, 105쪽.

유함의 근거가 아니라는 것을 표현한다. "진리는 결코 미리 전제된 선의지[자발적으로 진리를 찾고자 하는 의지]의 산물이 아니라, 사유 안에서 행사된 폭력의 결과이다."(『기호들』, 41쪽) 폭력은 자발성 같은 사유 내재적인 동력이 아니라, 사유 바깥에서 사유가 시작되도록 하는 것, 강요이다. "사유를 강요하는 것, 그것은 '사유의 무능력'……이다."[31] 여기서 '무능력'이란 앞서 보았듯, 하이데거에서의 '사유하고 있지 않음'이다. 사유의 무능력이 사유를 강요한다는 것은, 사유가 코기토의 자발적 능력에 의해 시작되지 않는다는 것의 또 다른 표현이다. 사유의 자발성보다 심층에 있는 것, 사유가 시작되도록 하는 것은 무엇일까? "사유하도록 강요하고 사유에 폭력을 행사하는 어떤 것이 없다면 사유란 아무것도 아니다."(『기호들』, 143쪽) 그것이 바로 들뢰즈에서는 '기호'라 일컬어지는 것이다. "우리에게 폭력을 행사하는 것–이것이 바로 기호이다."(『기호들』, 41쪽)

중요한 것은, 하이데거에서도 '가장 깊이 사려되기를 바라는 것'은 '기호'와 관련을 가진다는 점이다. 하이데거가 쓰고 있는 독일어 낱말 'Zeichen'은 들뢰즈가 쓰는 프랑스어 낱말 'signe'에 대응하며, 양자는 우리말의 '기호', '표지' 등에 해당한다. 아래 인용에 나오는 표지라는 말은 Zeichen의 번역어이다. 하이데거는 다음과 같은 횔덜린의 시구로부터 '기호(표지)'에 대한 사유를 시작한다.

우리는 해석되지 않은 채 하나의 표지로 있다.[32]

하이데거의 사유가 기호해독의 모습을 지니고 있다는 것을 증언

31 질 들뢰즈, 『시네마Ⅱ』, 332쪽.
32 마르틴 하이데거, 『사유란 무엇인가』, 60쪽.

차이와 반복의 사상– 들뢰즈와 하이데거

해준다는 점에서 위 구절은 매우 큰 중요성을 지닐 것이다. 들뢰즈에게 '프루스트의 기호'가 있다면, 하이데거에게는 '횔덜린의 기호'가 있는 것이다. 그리고 이 두 맥락의 기호는 매우 의미심장한 대응 관계를 맺는다. 횔덜린의 저 시구에서 표지(기호)는 우리 자신인 인간이다. 인간은 아직 해석되지 않은 기호로서 우리를 사유하게끔 자극한다. "우리가 표지로, 그것도 해석되지 않은 표지로 존재하고 있다는 사실은 사유하게끔 하기에 충분하지 않은가?"[33] 이런 표지해독(기호해독)의 사유는 『사유란 무엇인가』에서는 구체적으로는 인간 개념을 문제시하는 과정으로 펼쳐진다. "인간의 본질은 그러한 지시자가 된다는 데에 있다. 자신의 본질에 따라서 자기 자신 안에서 지시자가 되는 것을 우리는 표지(Zeichen)라고 호명한다.……**표지는 해석되지 않은 채로 남아 있게 마련이다.**"[34] 인간의 본질이란 자기가 자기 자신의 '기호(표지)'가 되는 것이다. 이것이 뜻하는 바는 인간이란, 가령 신학적 인간학이 말하듯 신의 모상으로도, 철학적 인간학이 말하듯 이성적 동물로도 규정되지 않는다는 것이다. 인간이란 존재자는 그 존재자가 지닌 속성(이성)을 통해서도, 인간의 원인이라 지목된 다른 존재자(창조자)와의 관계를 통해서도 명확히 규정될 수 없다. 그는 그저 해독을 요구하는 수수께끼, 상형문자이다. "인간은 아직도 확정되지 않은 동물이다. 요컨대 이성적 동물은 그것의 온전한 본질에 아직도 이르지 못하고 있다. 그러나 지금까지의 인간의 본질을 처음으로 확정할 수 있으려면, 지금까지의 인간은 자기 너머로 초극되어야만 한다."[35] 이러한 논의의 바탕에 있는 것은 현대

---

33 같은 책, 62쪽.

34 같은 책, 59쪽.

35 같은 책, 91쪽.

철학에 폭넓게 영향을 끼친, 하이데거의 반인간주의, 하이데거가 니체로부터 계승하고 있는 반인간주의이다.[36] 인간은 저처럼 명확한 규정을 벗어나는 미지의 상형문자이기에 사유를 자극하는 기호일 뿐이며, 이 기호해독이 인간 존재자를 객관적으로 규정하고자 하는 존재적 차원의 개념들을 넘어, 인간 존재자의 '존재함의 의미'로 사유자를 이끈다.

물론 여기서 우리의 관심사는 하이데거 기호해독의 내용이 되는 인간 개념에 대한 의혹보다도, '기호해독이라는 사유방식' 자체이다. 이 기호해독의 사유 자체는 들뢰즈에게서도 발견된다. 우리는 이미 사유의 문제에서 하이데거와 들뢰즈가 공유하는 사유의 무능력, 즉 코기토의 자발성이 아닌 사유 외부로부터의 침입(기호의 침입)에 의해 가동되는 사유의 면모를 살펴보았다. 그리고 하이데거에게서 사유란 차이(존재론적 차이)의 개념이 표현하는 존재자의 존재함에 대한 사유라는 것

---

36 이러한 니체의 반인간주의, 인간을 넘어서는 '초인' 개념을 핵심에 두고 있는 반인간주의를 하이데거는 아래와 같이 발견하고 있다. 니체에 대한 하이데거의 아래와 같은 이해가 현대의 반인간주의와 얼마나 공명하는지 확인하기 위해서는, 이것을 니체에 대한 푸코의 구절들과 병치시켜 보아야 한다. 하이데거는 말한다. "지금까지의 인간은 자기 너머로의 이행을 추구하지 않으면 안 된다. 또한 그렇기 때문에 지금까지의 인간이 지금까지의 본질과 마지막 본질을 극복하고 난 후에 취할 수 있는 본질로, 지금까지의 인간이 건너갈 수 있는 그러한 다리가 있어야만 한다. 니체는 그가 통찰한 자기초극적 인간의 본질 성격을 차라투스트라라는 인물로 형상화하였다. 니체는 자기를 초극하는, 그렇게 자기를 자기 너머로 고양시키고자 하는, 그래서 처음으로 자기 자신을 확정하려는 그러한 인간에게 너무나도 쉽게 오해될 수 있는 이름을 붙였다. 니체는 지금까지의 인간을 초극하고자 하는 인간을 '초인(Übermensch)'이라고 호명한다."(마르틴 하이데거, 『사유란 무엇인가』, 91쪽) 푸코 역시 인간에 대한 규정을 추구하는 인간학 자체의 극복을 니체의 초인 개념에서 발견한다. "철학의 영역에서 '인간이란 무엇인가?(Was is der Mensch?)'라는 질문의 도전은 그 질문을 거부하고 무력하게 만드는 초인(der Übermensch)이라는 답변을 통해 완성된다."(미셸 푸코, 김광철 옮김, 『칸트의 인간학에 관하여』, 문학과지성사, 2012, 148~149쪽)

도 보았다.

들뢰즈의 기호해독의 경우는 어떤가? 기호해독의 대표적인 예로서 들뢰즈가 추적하는 프루스트의 마들렌 체험을 보자. 일단 마들렌은 '객관적으로' 그 성격을 기술할 수 있는 대상이다. 과자의 일종이고, 버터와 설탕이 들어 있다는 것과 같은 언술로 우리는 그 대상의 정체성을 확인할 수 있다. 이러한 방식으로 인식되는 대상을 '재인식(récognition)'의 대상이라 일컫는다. 말 그대로 하나의 대상을 성질이나 양 같은 객관적 범주들을 통해 다시(ré) 식별하는 것(cognition)이다.

기호해독의 사유는 이와 전혀 다르다. 프루스트의 체험에서 마들렌이 일종의 '기호'인 까닭은 그것이 위와 같은 재인식을 가능케 하는 객관적 기술로 규정되지 않는 것(마치 앞서 횔덜린에서 인간이라는 '기호(표지)'처럼), 설명할 수 없는 즐거움 속에 사유하기를 자극하는 것인 까닭이다. 우연한, 비자발적 회상 속에서 기호로서의 마들렌은 과거의 콩브레와 '공명'한다. 또는 마들렌은 과거의 콩브레와 종합된다고도 일컬을 수 있겠다. 들뢰즈의 주요 개념 가운데 하나인 공명은 "비의존적인 이질적 항들간의 '이웃 관계'의 조화"[37]로 정의될 수 있다. 마들렌이 가지는 객관적 속성, 즉 버터와 설탕이 들어있는 과자라는 것과 전혀 '이질적인' 함축으로서 과거의 콩브레가 마들렌을 통해 표현된다. 즉 양자의 관계는 차이, 이질성이다. 즉 차이가 두 항을 연결한다. "두 계열[두 항]이 아무리 비슷하다고 해도, 그들이 공명하는 것은 결코 유사성'에 의해서'가 아니라, 오히려 그들의 차이'에 의해서'"이다.[38] 구체적으로 그

---

37 G. Deleuze & C. Parnet, *Dialogues*, Paris: Flammarion, 1996(증보판(초판: 1977)), 125쪽.

38 질 들뢰즈, 『의미의 논리』, 373쪽.

차이, 두 항을 공명하게 하는 차이라는 제삼항이란 무엇인가? 들뢰즈는 말한다.

> [마들렌] 맛이 어떤 능력을 가지고 있다면, 이는 그것이 동일성을 통해서는 도저히 정의할 수 없는 어떤 사물=x를 봉인하고 있기 때문이다. 즉 그것은 콩브레를 봉인하고 있다. 이때 콩브레는 '즉자 존재'이고 순수 과거의 단편이다. 이 단편은 그것이 한때 구가했던 현재(지각)로도, 그것이 다시 보이게 되거나 다시 구성되는 현행적 현재(자발적 기억)로도 환원되지 않는다는 의미에서 이중의 환원 불가능성을 띤다. 그런데 즉자적으로 존재하는 이 콩브레는 **자신의 고유한 본질적인 차이에 의해 정의된다.**(『차이와 반복』, 274쪽)

마지막 문장에 나오는 '본질적인 차이'라는 말을 강조하고 싶다. 비자발적인 기억과 상관적인 '즉자적 과거'로서의 콩브레가 현재의 마들렌과 과거의 콩브레를 연결짓는다. "이 순수 과거는 두 현재[옛날 그 당시의 현재와 지금 현실의 현재]와 공존하지만, 지금의 자발적 기억이나 옛날의 **의식적 지각의 손길이 미치지 못하는 과거**이다."(『기호들』, 100쪽; 대괄호─옮긴이) 즉 이 즉자적 과거는 저 두 항과 이중으로 이질적인 '차이'이다. 그리고 저 구절이 명시하듯 그것은 자발적으로 의식하는 지각의 대상, 즉 코기토의 대상이 아니다.("의식적 지각의 손길이 미치지 못하는 과거") 마들렌이 기호로 다가왔을 때, 기호해독은 자발적 의식의 차원에서는 사유되지 않는 저 차이에 접근하며, 그 결과는 두 항의 연결이다. 또는 두 항의 연결로서의 한 존재자라 일컬어도 좋을 것이다. "존재를 구성하고 우리가 그 존재에 대해 사유하고 이해할 수 있도록 해주는 것이 바로 차이이다."(『기호들』, 72쪽) 그러므로 차이는 경험적 의식 차원의 두 항을 종합해주는, 경험적 의식으로 환원되지 않는 칸트의 선험적 범주와 같은 역할을 한다고도 할 수 있다.(가령 경험상의 두 항을 원인과 결과로 맺어주는 인과성 범주)[39] 요컨대 차이는 (종합이라는) 사유를 하게 해주는, 사유 안의 비사유인 것이다.

4. 반복

이렇게 우리는 존재와 사유라는 철학의 근본적인 두 영역에서 하이데거와 들뢰즈를 살펴보았다. 이 두 영역에서 하이데거와 들뢰즈는 근대 사상에서 데카르트에 뿌리를 두고 있는 자기의식의 근본성을 의심에 부치고, 자기의식에 매개되기 이전의 심층적인 차원에서의 존재와 사유를 생각해 보려 한다. 단적으로 말해 존재에 대해 생각할 수 있도록 해주는 개념은 '차이'였고, 사유함은 코기토적 사유의 자발성에 포착되지 않는, 사유 안의 '비사유'에 의존한다는 점이 드러났다.

이러한 국면은 결국 '반복(Wiederholung, répétition)'이라는 개념을 요구한다. 하이데거는 말한다. "반복은 거기에 존재해온 현존재를 그의 존재해온 본래적인 가능성에서 이해한다."(『존재와 시간』, 514쪽) 앞서 우리는 하이데거에게서 존재가 역사적인 개념이라는 점을 보았다. 따라서 존재를 이해한다는 것은 과거의 존재를 '반복'하는 일, 반복해서 상속하는 일이다. 그런데 어떤 방식으로 상속하는가? '본래적으로' 상속한다. 이는 곧 존재론적 '차이'를 통해, 존재적 차원에서 유실되었던 '존재'

---

39 물론 들뢰즈에게서 종합을 가능하게 하는 요소는 선험적이 아니라 경험적 성격을 지닌다. 들뢰즈와 칸트의 '종합 개념'의 연관성과 차이에 대해서는 서동욱, 「칸트와 들뢰즈—선험적 종합에서 경험적 종합으로」, 『포스트모던 칸트』, 한국칸트학회 엮음, 문학과지성사, 2006 참조.

의 의미를 본래적으로 이해한다는 뜻이다. 존재를 본래적으로 반복하는 일, 본래적으로 상속하는 일의 일차적 요건은 존재론적 차이를 통해 존재를 이해하는 일이다. 따라서 존재적 차원에서, 코기토의 차원에서, 자기의식의 차원에서 사유되지 않은 차이를 통해 존재에 가닿는 것이 '반복'이다. 이렇게 보자면 하이데거의 『존재와 시간』은 '존재와 시간'이라고 쓰고서 '차이와 반복'이라고 읽어야 하는 책이다. 그리고 우리가 잘 아는 것처럼 이 '차이와 반복'은 후대에 다시금 진행되는 존재론적 사유가 자신의 필연적인 이름으로, 작품의 명시적인 명칭으로 삼게 된다.

이 후대의 사유자, 들뢰즈는 말한다. "사실 차이와 반복은 뗄 수 없[다].……반복이란 차이의 힘이며, 마찬가지로 차이란 반복의 힘이[다]."(『기호들』, 83쪽) 반복이란 차이가 계속되는 방식이다. 이는 플라톤적인 원형적 동일성 없는 시뮬라크르의 차이의 지속적 도래라고도 표현할 할 수 있겠다. "원형은 차이 안에서 파멸하게 된다."(『차이와 반복』, 287쪽) 이러한 차이와 반복은 존재뿐 아니라 사유 안의 '비사유'의 원리이다. 프루스트의 경우를 보자. 아래 인용에서 사랑에서의 반복을 이야기하고 있는 따옴표 안의 문장은 프루스트의 『되찾은 시간』에서 온 것이다.

사랑의 반복은 계열적 반복이다. 질베르트에 대한, 게르망트 부인에 대한, 알베르틴에 대한 주인공의 사랑은 하나의 계열을 형성한다. 그 계열 안에서 각각의 항(項)은 미세한 **차이**를 지닌다. '우리가 그렇게나 사랑했던 여자도 기껏해야 이 사랑에 특정한 형태 하나를 추가했을 뿐이다. 이 형태는 우리가 사랑에 나태하게 되었을 때조차 우리로 하여금 그녀에게 성실해지게끔 만들 것이다. 우리는 다음 번의 여자하고도 아침 나절의 똑같은 산책을 하거나 똑같이 저

녁마다 바래다 주거나, 혹은 그녀에게 수없이 여러 번 너무 많은 돈을 주어야 할 것이다.'(『기호들』, 109쪽)

계속해서 차이나는 것, 새로운 사랑이 출현한다. 그러나 그것을 가능하게 해주는 것은 '사유되지 않는 반복'이다. 반복되는 사랑은 의식의 차원에서 사유되지 않기에 늘 새로운(차이나는) 사랑으로 출현한다. 우리는 무엇인가가 코기토 차원에선 비사유이기에, 사유되지 않기에 반복하는 것이며, 이 반복을 통해 차이나는 것들의 도래가 이루어진다. 따라서 반복은 차이의 조건이다. 이렇게 존재와 사유라는 영역에서, 차이와 반복이라는 원리를 하이데거와 들뢰즈는 함께 가진다. 그렇다면 당연히 이제 우리가 떠맡는 과제는 '차이'(2장)와 '반복'(3장)이라는 이 원리를 구체적으로 생각해보는 일이다.

2장
차이: 부정성에 맞서서

2장

차이:

부정성에

맞서서

---

1. 차이가 근본적인가,
부정성이 근본적인가?

어느 시대에나 그랬듯 철학은 서로 다른 입장들 사이의 긴장을 자양분으로 삼아 생명을 잇는다. 우리 시대 철학의 긴장은 어디서 형성되는가? 시간을 가로질러 그래왔던 것처럼 철학은 우리 시대에도 수많은 논쟁적 지점들을 징검다리 삼아 자기의 갈 길을 열어가고 있는데, 그 가운데 하나가 '차이'가 근본적인가, '부정성'이 근본적인가라는 선택적 물음으로 표현될 수 있을 것이다. 차이와 부정성이라는 두 개념이 작동하는 방식과 영역은 실로 다양하다. 구체적으로 보자면 예컨대, 차이의 근본성은 하이데거의 존재론적 차이(ontologische Differenz, ontologischer Unterschied), 들뢰즈의 차이 자체(différence en elle-même), 레비나스의 분리(séparation) 등의 주제에서 표현되며, 부정성은 다양한 변증법과 욕망의 본질을 '결여'로 내세우는 욕망론들의 배후에서 근본적인 지위를

50

부여받고 있다. 또 욕망론과 관련된 논쟁적 쟁점에 있어서는 저 선택적 물음은 아마도 '생산으로서의 욕망'과 '결여로서의 욕망'의 긴장 관계로도 표현된다고 할 수 있으리라.[1]

이러한 주제와 논쟁적 쟁점들은 근본적으로 '차이'와 '부정성' 두 개념이 우위를 놓고 벌이는 싸움이다. 따라서 앞서 열거한 현대 사상의 주요 주제에서 긴장 관계가 형성될 경우, 그 긴장의 본질을 이해하고 해결하기 위해서는 두 개념 '차이'와 '부정성'의 우위성 문제에 대한 정확한 이해가 불가결하다. 이러한 개념 연구가 소홀하게 되었을 때, 심지어 차이와 부정성이 서로 전혀 다르게 사용되는 맥락에서도, 양자를 같은 것으로 혼동하거나 차이는 부정성을 통해 해명되어야 한다고 오해하는 일이 벌어지기도 한다.

이러한 문제들을 배경으로 이 장은 어떻게 차이가 근본적인 지위를 가지면서, 부정성을 파생적인 차원에 놓이도록 만드는지 보이고자 한다. 부정성과 차이를 맞세우는 이런 길은 '차이' 개념 자체의 핵심을 가장 잘 이해하는 길이기도 하다. 또한 앞 장에서도 보았듯 이러한 작업은, 부정성 개념을 근본으로 하는 헤겔 철학과 다른 방향에서 철학의 가능성을 시험해 보는 현대 사상의 근본 정신을 알아가는 일이기도 하다.

지금껏 부정성에 대한 거부는 여러 가지 방식으로 표현되어 왔다. 단적인 예로 레비나스는 이렇게 말한다. "초월의 운동은……부정성과는 구분된다.……형이상학은 부정성과 일치하지 않는다.……부정성은

---

1 욕망론에서 들뢰즈와 라캉 사이의 긴장 관계로 표현될 수도 있는 이러한 대립 구도에 대한 자세한 논의는 서동욱, 『들뢰즈의 철학—사상과 그 원천』, 민음사, 2002, 4장을 참조 바란다.

초월을 감당할 수 없다."[2] 레비나스에서 초월은 '외재성(extériorité)'과 관계하는 운동이다. 외재성은 하나의 법칙이 지배하는 전체에 대한 외재성을 말한다. 그런데 부정성은 모순율을 통해 표현된다. 모순율이 법칙일 때는, 가령 A가 주어지면 그 상대방의 자리에서는 강제적으로 ~A가 들어설 수밖에 없다. 이것이 뜻하는 바는 부정성이 모든 항들(A와 ~A)을 지배하는 법칙, 바로 '전체화'의 법칙이라는 것이다. "만약 동일자가 단순히 '타자에 대립'함으로써 자기를 동일화한다면, 그것은 이미 동일자와 타자를 포괄하는 전체성의 일부가 되는 셈이다."[3] 한 마디로 "테제와 안티테제는 하나의 전체성을 이미 형성하고 있다."[4] 이 말은, 항들은 하나의 법칙의 지배 '내재적인 것'이다라고 바꾸어 쓸 수 있으며, 이런 뜻에서 외재적인 항은 자리할 곳이 없다. 그런 까닭에 레비나스는 "······전체성 '너머'는······순수하게 부정적인 방식으로 기술되지 않는다"[5]라고 말한다. 이 말이 함축하는 바는, 초월은 전체를 규정하는 법칙의 규정을 받지 않는 것, 곧 무한(어떤 법칙에 의해서도 '한정되지 않음'이라는 뜻에서의 무한)이라 일컬어지는 것과의 조우를 통해 이루어질 수 있다는 것이다. 이 무한을 모순과 같은 법칙이 지배하는 '전체'와 다르게(차이나게) 기술하는 개념이 '분리'이다. "무한의 관념은 타자와 관련한 동일자의 분리를 전제한다."[6] 따라서 당연하게도 이 '분리'는 부정성(모순, 대립)과는 양립할 수 없다. "이 분리는 타자에 대한 **대립에 근거한**

2   에마뉘엘 레비나스, 김도형·문성원·손영창 옮김, 『전체성과 무한』, 그린비, 2018, 39~41쪽.
3   같은 책, 35쪽.
4   같은 책, 61쪽.
5   같은 책, 10쪽.(번역 수정)
6   같은 책, 61쪽.

것이 아니다."[7]

간략하게나마 레비나스를 통해 예화해 본 차이와 부정성 사이의 이런 긴장은 '관심 및 주제적 측면에서의 큰 편차들에도 불구하고' 여러 현대 철학의 근본에 자리 잡고 있다.[8] 우리는 현대 존재론의 두 핵심적인 저작인 하이데거의 『존재와 시간』과 들뢰즈의 『차이와 반복』을 중심으로 이 긴장을 이해해 보려 한다. 현대 철학이 거둔 성과 가운데 이 둘 만큼 부정성에 대한 차이의 우위성을 드러내는 일을 핵심 과제로 삼는 작품들도 없을 것이다. 같은 맥락에서 차이와 부정성의 대립이라는 주제 속에서 생겨나는 이 둘의 연관 관계는 현대 존재론의 가장 핵심적인 국면을 드러낼 것이다.

---

7 같은 곳.

8 가령 레비나스에서 핵심적인 '외재성'이라는 주제는 하이데거에 대한 비판을 중심 기둥으로 삼고 발전되지만, 부정성을 주요한 비판의 대상으로 삼으면서, 부정성보다 근본적인 개념으로서 '차이'(레비나스에서 '분리'와 하이데거에서 '존재론적 차이')를 모색한다는 점에 한정해 보자면, 레비나스와 하이데거는 공통적인 면모를 지닌다. 아울러 우리 논의의 중심 주제는 아니지만, 레비나스의 개념들과 관련하여 있을 수 있는 오해에 대하여 짧게나마 설명하고 지나가지 않을 수 없겠다. 레비나스는 이렇게 말한다. "이타성(異他性; altérité)을 만드는 것은 전혀 차이가 아니다. 오히려 이타성이 차이를 만든다."(E. Levinas, "La vocation de l'autre," E. Hirsch(ed.), *Racismes: L'autre et son visage*, Paris: Éd. du Cerf, 1988, 92쪽) 이 구절은 레비나스가 차이를 이타성에 뒤이어 오는 '파생적인 개념'으로 이해하는 듯한 인상을 준다. 그러나 이 문장에서 차이란, 들뢰즈가 (자신의 '차이의 개념'과 구분지어) '매개된 차이'라는 이름 아래 비판하는 것과 동류이고(『차이와 반복』, 82~83쪽 참조), 하이데거에게선 존재–신학의 영역에 귀속하는, '유와 종차와 같은 것을 뜻하는 것이다. 이에 반해 이타성을 가능케 해주는 차이로서 '분리'는 유적 차이나 종적 차이 같은, 존재자를 기술하는 범주 체계에 선행하는 근본적인 지위를 가진다. 왜냐하면 분리는 존재자와 그것을 기술하는 범주들로부터의 분리이기 때문이다.

2. 하이데거의 부정성 비판과 차이의 근본성

하이데거가 부정성에 대해 어떻게 생각하며, 어떤 비판적 입장을 가지고 있는지부터 살펴보는 것이 좋겠다. 그는 부정성에 대해 다음과 같이 말한다.

> ······'아님의 존재론적 의미'는 여전히 어둠에 싸여 있다.······아님 자체를 존재론적으로 밝혀 보이지는 못했다.······**왜 모든 변증법은 부정을 자신의 도피처로 삼으면서 부정 자체는 변증법적으로 근거제시하지 않으며, 아니 문제로서마저도 확정하지 못하는가?** 사람들은 도대체 아님의 존재론적 근원을 문제로 삼은 적이 있는가?"(『존재와 시간』, 381쪽)

여기서 하이데거는 제대로 접근되지 못한 부정성의 존재론적 근원을 문제삼을 것을 요구하고 있다. 그런데 그가 근원적인 층위에서 발견하는 것은 부정성이 아니라 오히려 긍정성이다. "올바로 이해된 부름은 실존론적인 의미에서는 '가장 긍정적인 것'을 준다. 다시 말해서······현존재가 자신에게 줄 수 있는 가장 고유한 가능성을 준다."(같은 책, 392쪽)[9] 물론 여기서 현존재에게, **"가장 긍정적인 것"**이라 표현된 고유한 가

---

9 그런데 현존재의 이 고유한 가능성은 죽음으로부터 온다. 죽음은 일종의 부정성으로 이해될 수 있지 않은가? 따라서 이 긍정적 가능성은 결국 부정성에 매개되는 것인가? 결코 그렇지 않다. 하이데거에서 죽음은 부정으로 기능하지 않는다. 그것은 눈앞에 있는 존재자들과 '대립'하는 그런 것이 아니다. 오히려 죽음은 존재방식(또는 존재의 가능성)이다. "사망은 현존재가 그 안에서 자기의 죽음을 향하여 존재하는 그런 존재방식에 대한 명칭으로서 통용된다······."(『존재와 시간』, 331쪽) 죽음은 현실적인 존재자의 부정이 아니므로 "현존재는 결코 끝나버리는 것이 아니라고 말해야 할 것이다."(같은 곳) 결국 "죽음이 현존재의 한 탁월한 가능성"(같은 책, 333쪽)이다. 죽음은 부정적 '규정'이 아니다. 오히려 그 반대로 존재 가능을 '무규정적으로' 만들어준다. "고유하고 결의에서 각기 그때마다 확실해진 **존재가능의 무규정성**은 죽음을 향한 존재에서 비로소 전체적으로

능성(~할 수 있음)을 주는 것은 궁극적으로는 "존재시성[존재의 시간성, Temporalität des Seins]"(같은 책, 37쪽)이며, 이 현존재가 관계 맺고 있는 존재, 곧 실존[10]은 그의 본질을 이룬다.("현존재의 '본질'은 그의 실존에 있다."(같은 책, 67쪽)) 결국 부정성이 자리를 가질 수 있다면 그것은 오로지 '본질로서의' 실존에 대해 이차적이며 파생적인 자리일 뿐이다.

부정성이 근본적일 수 없다는 하이데거의 이러한 비판은 헤겔의 자기 의식 개념을 다루는 자리에서 가장 분명한 모습을 취한다. 헤겔이 염두에 두고 있는 정신의 본질은 무엇인가?

> ……헤겔은 정신의 본질을 형식적-서술적으로 부정의 부정이라고 규정할 수 있는 것이다. 이 '절대적 부정성'은 데카르트의 '나는 내가 사물을 사유한다는 것을 사유한다(cogito me cogitare rem)'-그는 의식의 본질이 여기에 있다고 본다-를 논리적으로 형식화한 해석을 제공하고 있다.(같은 책, 562쪽)

어떤 의미에서 데카르트의 코기토는 의식의 본질, 즉 '부정의 부정'을 근본으로 삼고 있는가? 자기 의식은 부정의 부정의 결과물이다. 내가 나이기 위해서는 먼저 나는 나를 자신과 맞세울 수 있어야 한다. 그리고 이 맞서있는 것을 영원한 대립상태인 '다른 것'으로 남겨두는 것이 아니라, 대립적(부정적) 관계를 부정하고(극복하고) 자기 자신에게 귀속시킬 수 있어야 한다. 이러한 부정의 부정의 결과물로 자기의식, 즉 '나'라

드러난다.…… [현존재의] 이 가능성은 부단히 확실하지만 그 가능성이 언제 불가능성이 되어버리는가 하는 그 시점에 대해서는 매순간 규정되지 않은 채 남아 있다."(같은 책, 410쪽)

10 "현존재가……언제나 어떻게든 관계 맺고 있는 존재 자체를 우리는 '실존'이라고 이름한다."(『존재와 시간』, 28쪽)

는 개념이 획득된다. 정신의 목표는 이런 부정의 부정을 통해서 고유한 '자기'의 개념에 도달하는 것이다. "정신의 전개의 목표는 '자신의 고유한 개념에 도달하는 것'이다."(같은 책, 563쪽) 이 과정이 바로 하이데거가 헤겔을 인용하며 기술하듯, '진보'이다.

> 역사 속에서 자기를 실현하는 정신의 '진보'는 '배제의 원리'를 자체 안에 지니고 있다. 그렇지만 이러한 배제는 **배제된 것을 분리시켜버리지 않고 그것을 극복하게 한다.**……정신은 그의 '진보'의 매 발걸음에서 '자기 자신을 그의 목적을 진실로 막는 적대적인 장애로서 극복해야 한다.'……전개 자체는 '자기 자신과의 끝이 없는 고달픈 투쟁'이다.(같은 곳)

정신의 과정이란 자기에게서 배제한 것, 또는 자기와 대립하는 것을 그 대립의 상태에 머무르게 두지 않고, 그 대립을 극복(부정)함으로써 자기에게 귀속시키는 것이다. 이런 방식을 계속함으로써 정신은, 그와 반복하는 이질적인 자신과의 싸움에 더 이상 시달리지 않는 자기의 완성된 개념에 도달하고자 한다.

그런데 고유한 자기 개념의 달성을 가능케 해주는 이 부정성이 결코 근본적인 지위를 차지하지 못한다는 것이 바로 하이데거가 보여 주고자 하는 비판의 핵심이다. "헤겔은……**도대체 정신의 본질구성틀이 부정의 부정으로서가 아니고 다르게도 가능할 수 있는가 하는 물음은 전혀 검토하지 않은 채 놔두고 있다. 가능하다면 근원적인 시간성을 근거로 해서일 것이다.**"(같은 책, 564쪽) 정신의 본질은 부정의 부정이 아니라, 근원적인 시간성에 근거함이라는 것이다. 여기서 근원적인 시간성이란 물론 '존재의 시간성'을 일컫는다. 시간적인 것으로서의 "**존재가 현존재로 하여금**……**실존하는 자로서의 자기 자신과도 관계를 맺을 수 있도록 해주고 있다.**"(같은 책,

56

567쪽) 이 인용이 알려주는 대로 현존재가 자기 자신과 관계를 맺는 것, 곧 자기성을 획득하는 것은 의식의 부정성 같은 것에 의존하지 않는다. 현존재가 그 자신과 관계 맺는 일은 바로 '존재에 근거해서' 일어난다.

자기성의 획득에서 근본적인 것이 부정성이 아니라 존재라는 것은, 헤겔이 의식의 본질적 구조로 본 데카르트의 코기토에 대한 하이데거의 비판적 분석에서도 잘 드러난다. 쓰이지 못한 『존재와 시간』 2부 2장에서 본격적으로 다루어졌으리라 추측되는 이 주제(같은 책, 64쪽 참조)는 사실 지금 우리에게 주어진 형태의 『존재와 시간』 속에서도 부분적으로 모습을 드러내고 있다. 가령 다음과 같은 구절이 그렇다.

> 사람들이 '코기토 숨[나는 사유한다, 나는 존재한다]'을 근세의 철학적 물음의 출발토대로서 발견한 인물로 보고 있는 데카르트는 자아의 코기타레[사유함]는 어떤 한계 내에서 탐구했다. 그에 비해서 숨[나는 존재한다]은 그것이 코기토[나는 사유한다]와 똑같이 근원적으로 단초로 설정되었음에도 불구하고, 전혀 논의 안 된 채로 놔두었다. 분석론은 숨[나는 존재한다]의 존재에 대한 존재론적인 물음을 제기한다. **이것이 규정되어야 비로소 사유의 존재양식이 파악될 수 있게 된다.**(같은 책, 71~72쪽; 대괄호─옮긴이)

앞서 분석했듯 헤겔이 이해하는 대로라면 데카르트의 코기토는, 스스로와 대면할 수 있게 해주는 의식의 부정성을 통해 자기의 개념이 달성된다는 것을 보여준다. 그런데 데카르트는 코기토와 똑같이 근원적인 단초인 '숨(존재한다)'에 대해서는 아무런 논의도 하지 않았다. 다음과 같이 지적할 수 있겠다. "데카르트는 철학에 하나의 새로운 확실한 토대를 제공하기를 요구한다. 그러나 이러한 '근본적인' 시작에서 규정되지 않은 채 내버려 둔 것이 있는데, 그것은 곧 레스 코기탄스(res cogitans), 즉 사유하는 사물의 존재양식, 더 정확히 말해서 '나는 존재한다'의 존재의미이다."(같은 책, 43쪽) 데카르트는 존재의미를 논의하지 않은 채 방치해두었다. 또는 하이데거가 "철학함의 새로운 시작은 숙명적인 선입견의 이식"(같은 책, 44쪽)에 불과하다고 비판하듯, 데카르트는 중세 존재론이 말하는 '엔스(ens)', 즉 창조된 것으로서의 존재자라는 전승된 개념을 그대로 반복하는 데 그쳤다. 그러나 사유하는 사물(res cogitans)이 '존재'하는 것이라면–따라서 존재가 이 사유하는 사물의 근본에 속한다면–'존재한다'라는 것의 의미가 밝혀져야만 비로소 이 사물의 정체가 온전히 밝혀지지 않겠는가? 만일 그렇다면, '생각하는 자기'라는 '사물'은 의식 자체적으로 수행할 수 있는 운동인 부정성을 통해 달성되는 것이 아니라, 보다 근본적으로 '존재함'에 의해 달성된다. 그것이 앞서 인용한 "존재가 현존재로 하여금……실존하는 자로서의 자기 자신과도 관계를 맺을 수 있도록 해주고 있다"(같은 책, 567쪽)는 말의 의미이다.

그런데 현존재의 근본에 자리한 이 존재란 어떻게 사유될 수 있는가? 우리가 보아왔듯 부정성을 통해서는 아닐 것이다. 부정성은 의식의 '존재함'이 망각된 상태에서 접근된 것, 바로 '숨'이 고려되지 않은 코기토의 활동일 수는 있어도, 존재자인 현존재와 존재의 관계를 규정할 수는 없다. 근거로서의 존재에 대해 접근할 수 있게 해주는 근본 개념이 바로 '차이'(존재론적 차이)이다. "존재자와 존재가 그때마다 이미 차이로부터 그리고 차이 안에서 발견되고 있다."[11] 또는 다르게 말하면 "분명한 것은 오직, 존재자의 존재에 있어서 그리고 존재의 존재자에

___

11 마르틴 하이데거, 신상희 옮김, 『동일성과 차이』, 민음사, 2000, 54쪽.

있어서 그때마다 어떤 하나의 차이가 문제되고 있다는 사실뿐이다."[12] 헤겔에서 사유가 부정성인 반면, "우리에게서 사유의 사태는……차이로서의 차이(die Differenz als Differenz)이다"[13]라고 하이데거는 말한다. 현존재가 자신의 원천인 '존재'를 사유하기 위해서는 반드시 '차이'라는 근본 개념이 필요하다. 이 말은 다르게 표현하면 "존재가 차이로부터 사유되고 있다는 뜻이다."[14] 이 차이야말로 존재자를 '존재적' 차원에서만 접근하는 것을 막고, 존재론적으로 접근할 수 있는 길을, 즉 존재자의 존재함을 사유할 수 있는 길을 열어준다. 바로 이런 의미에서 차이는 존재론, 아니 철학 자체가 성립할 수 있도록 해주는 근본 개념이다. "이러한 구별[존재와 존재자 사이의 구별]은 결코 임의적인 구별이 아니라, **존재론의 주제와 그로써 철학 자체의 주제를 비로소 처음으로 획득하도록 해주는 구별**이다. 이 구별이 존재론을 가장 처음으로 구성하고 있는 구별이다. **우리는 그 구별을 '존재론적 차이'라고……부른다.**"[15] 차이 개념에 입각해서만 궁극적인 사유인 철학이라는 영역이 열릴 수 있다는 것이다. "존재와 존재자 간의 이러한 구별을 아주 명백하게 실행할 수 있는가하는 가능성 여부에, 그리고 그에 따라 존재자에 대한 존재적 고찰로부터 존재를 존재론적으로 주제화하는 데에로 넘어서는 일을 실행할 가능성 여부에 존재론의 가능성, 말하자면 학문으로서 철학의 가능성의 성패가 달려 있다."[16] '차이는 그것의 배후에 더 심층적인 것을

---

12 같은 곳.

13 같은 책, 39쪽.

14 같은 책, 57쪽.

15 마르틴 하이데거, 이기상 옮김, 『현상학의 근본문제들』, 문예출판사, 1994, 39~40쪽.

16 같은 책, 324쪽.

두고 있지 않은, 철학의 근본 개념'이다. 결론짓자면, 존재자가 출현하기 위한 근원은 부정성에 있는 것이 아니라, 바로 이 '차이' 개념을 통해서만 접근 가능한 '존재함'에 있으므로, 근본에 자리잡고 있는 것은 차이이며, 부정성은 차이에 뒤이어 오는 파생적인 지위만을 얻는 것이다.

3. 들뢰즈의 부정성 비판과 차이의 근본성

우리가 줄곧 말해왔듯 하이데거에게서와 마찬가지로 들뢰즈에게서도 차이의 개념은 부정성에 앞서는 근본적인 지위를 차지한다. 철학사를 배경으로 이야기를 시작해 보자. 사상가들은 여러 맥락에서 부정성의 이차적 지위를 확인해 왔는데, 예컨대 칸트는 『순수이성비판』(A575/B603; 학술원판, Ⅲ, 387쪽)에서 다음과 같이 말한다.

> 누구라도, 부정이 아닌 긍정 위에 기반하지 않고는 그 부정을 명확하게 생각할 수 없다. 태생적인 맹인은 어둠이라는 개념을 조금도 가질 수 없다. 빛을 가지고 있지 않기 때문이다.……무식한 사람은 자신의 무지를 모른다. 전혀 지식을 가지고 있지 않기 때문이다. **이와 같이 모든 부정성의 개념은 파생적 [이차적]이다.**

칸트와의 크고 작은 편차들에도 불구하고, 우리는 부정성의 이차성에 대한 이러한 확인을 들뢰즈에게서도 쉽게 발견할 수 있다. 들뢰즈는 말한다. "부정은 긍정의 결과이다. 이는 부정이 긍정에 뒤이어 나오거나 긍정의 옆쪽에서 출현한다는 것을 의미한다."(『차이와 반복』, 143쪽) 아래에서 논의되겠지만 부정성에 대한 긍정성의 우위를 이야기하는 이 진술이 궁극적으로 차이의 근본성을 뜻하는 까닭은 이 긍정성을 사유할 수 있게 해주는 개념이 바로 차이이기 때문이다.

들뢰즈는 부정성을 가리켜 "추상적인 논리적 운동"(『차이와 반복』, 41쪽)이라고 일컫는다. 부정성이 오로지 근본적인 층위의 것들이 추상화된 이차적 차원에서만 작동한다는 이러한 비판의 배후에는 어떤 철학사적 인물이 자리하고 있는 것일까? 언제나 철학의 이야기는 철학사가 남겨준 흙에 씨앗을 던져보며 시작하는 것이고, 들뢰즈의 사상 역시 부정성 비판의 오랜 텃밭에서 태어났다. 스피노자의 '구별 이론'을 지층으로 가진 텃밭 말이다.

들뢰즈의 구체적인 개념들을 예로 삼아 출발해보자. 그의 욕망 이론을 구성하는 '기관 없는 신체(corps sans organes)'와 '욕망하는 기계들(machines desirantes)'은 들뢰즈 개념 목록에서 핵심적인 지위를 차지하는데, 이 개념들의 관계를 설명해 주는 '근본적인 존재론적 개념'이 바로 '차이'이다. 그런데 들뢰즈는 이 개념들의 관계를 기술하기 위한 이 차이 개념을 스피노자의 '구별(속성들 사이의 구별)'로부터 얻어내고 있다. 그럴 수 있는 까닭은 기관들 없는 신체와 그것을 구성하는 욕망하는 기계들의 관계가 스피노자의 실체와 그 속성들의 관계와 동등한 것으로 이해되기 때문이다. "기관들 없는 신체는 그 말의 가장 스피노자적인 의미에서 내재적 실체"[17]이다. "기관들 없는 신체는 실체 자체요, 부분적 대상들은 실체의 속성들, 즉 궁극적 요소들이다."[18] 여기서 부분적 대상들은 욕망하는 기계들을 가리킨다. "부분적 대상들로서의 욕망하는 기계들"[19]이라는 표현이 알려주듯이 말이다.(서두에서도 말했듯, 이

────

17   G. Deleuze & F. Guattari, *L'anti-Œdipe*, Paris: Éd. de Minuit, 1972, 390쪽.

18   같은 책, 212쪽.

19   같은 책, 368쪽.

장의 주된 목적은, 개념적 차원에서 부정성에 대한 차이의 근본성을 보이는 것이다. 따라서 기관들 없는 신체나 욕망하는 기계들 같은 말들이 들뢰즈의 욕망 이론을 어떻게 구성하는지에 관한 내용적인 차원의 기술은 여기서 보이기 적절치 않다. 들뢰즈의 욕망 이론을 구성하는 주요 개념들을 설명하는 작업은 이 글의 목적을 벗어나 있다.[20]

그렇다면 스피노자에서 속성들 사이의 관계를 어떻게 이해해야 할 것인가? 속성들은 서로 간의 부정적인 관계를 통해 정체성을 획득하는가? 스피노자는 『소론』(1부 2장 5의 주)에서 말한다. "본성은 제한을 요구하며, 따라서 제한된 대로 말고 다르게는 존재할 수 없다고 말하는 것, 그것은 아무것도 말하지 않은 것이다. 왜냐하면 한 사물의 본성은, 그 사물이 존재하지 않는 한, 아무것도 요구할 수 없기 때문이다."[21] 어떤 것은 부정되기 이전에 이미 존재해야 한다. 그렇지 않다면 부정의 활동은 결코 대상을 가지지 못할 것이 아니겠는가? 순서상 부정되는 대상은 부정보다 먼저 온다. 따라서 부정성은, 그것이 만일 자리를 가질 수 있다면, 이미 출현한 것에 대해 이차적인 또는 부대적인 층위에 놓일 수밖에 없는 것이다. 이런 뜻에서 스피노자가 『지성교정론』(96절)에서 말하듯 "모든 정의가 긍정이어야 한다……."[22] 들뢰즈에게선 이 긍정적인 것을 기술하는 개념이 바로 '차이'로 이해된다. 부정은 언제나 '긍정적' 사태에 대해 이차적이다. 결국 속성들이, 실체를 구성하는, 속성 그 자체보다 근본적인 어떤 것의 파생적, 이차적 형태가 아니라

20 기관들 없는 신체나 욕망하는 기계들을 중심으로 한 들뢰즈 욕망 이론에 대한 자세한 논의는 서동욱, 『들뢰즈의 철학』, 4장을 참조하기 바란다.

21 Benedict de Spinoza, *Œuvres complètes*, Paris: Gallimard(Bibliotheque de la pleiade), 1954, 20쪽.

22 베네딕투스 데 스피노자, 김은주 옮김, 『지성교정론』, 길, 2020, 103쪽.

면(물론 당연히 아니다), 속성들은 부정을 통해 본성을 획득할 수 없다. "속성들은 상호간의 대립(opposition)을 통해 정의된다고 말해서도 안 된다."[23] "속성들은 본질에 대한 부정도 아니고, 무엇인가를 부정하는 데 쓰이지도 않는다."[24] 결국 우리는 속성들 각각은 자기 본성 안에서 긍정될 뿐이라고 말해야 한다. "모든 본성은 긍정적이며, 따라서 자신의 종 안에서는 무제한적이고(illimitée) 비결정적이다."[25] 속성들이 자신의 종 안에서 무제한적이고 비결정적으로 있다는 것은 어떤 뜻을 지니는가? 바로 '구별'되는 속성들 사이에는, 그것들에게 정체성을 부여해주는 부정이라는 '매개'가 있는 것이 아니라, 오로지 "부정 없는 비-존재[un non-être sans négation]"(『차이와 반복』, 109쪽)만이 있다는 것이다. "'비-존재는 부정적인 것의 존재가 아니다.'"(같은 책, 159쪽) 이 '부정 없는 비존재'는 단순히 "(비)-존재"(같은 곳)라 불리기도 하는데, 이것이 바로 들뢰즈가 '차이', 더 정확히는 "부정 없는 차이의 개념"(같은 책, 19쪽)이라 부르는 것이다.('(비)-존재'라는, 괄호를 활용한 다소 특이한 표기법에 대해서는 아래 절에서 다루게 될 것이다.) 그런데 이 차이를 통해서만 드러나는 속성들은 실체의 본질(essence), 존재(être), 실존(existence)을 '표현'하므로,[26] 이 존재란 오로지 (속성들의) 차이를 통해서만 언명된다. "존재는 차이를 통해 언명된다는 의미에서 차이 자체이다."(『차이와 반복』, 109쪽) 즉 존재를 일컬을 수 있는 근본 개념은 부정성이 아니라 바로 차이인 것이다.

63

23 질 들뢰즈, 박기순 옮김, 『스피노자의 철학』, 민음사, 1999, 136쪽.

24 질 들뢰즈, 현영종·권순모 옮김, 『스피노자와 표현 문제』, 그린비, 2019, 62쪽.

25 질 들뢰즈, 『스피노자의 철학』, 136쪽.

26 질 들뢰즈, 『스피노자와 표현 문제』, 9쪽 참조.

정리해 보자. 앞서 말했듯 이 차이란 자신의 종 안에서 무제한적인 것(즉 부정성에 의해 제한되지 않는)의 본성을 표현하며, '이런 의미에서 차이를 통해 언명되는 본성은 긍정의 대상일 수밖에 없다.' 이는 차이 자체가 긍정될 수 있는 것일 뿐 부정을 통해서는 이해될 수 없는 것임을 뜻한다. 따라서 우리는 이렇게 말할 수 있을 것이다. "차이는 본질적으로 긍정의 대상, 긍정 자체이다. 긍정은 본질적으로 그 자체가 차이다."(같은 책, 136쪽) 또한 본성이 긍정 속에서만 주어지므로, 본성에 대한 규정은 부정일 수가 없다. 아울러 앞서 보았듯, 부정은 이미 존재하는 것에 대한 부정이라는 점에서, 이미 출현한 것에 대해 이차적 또는 부대적인 것일 뿐이다. "부정적인 것, 그것은 부대 현상이다."(같은 책, 140쪽) "부정적인 것은 어떤 가상이다."(같은 책, 437쪽) "모순은 여전히 겉모습이거나 부대 현상이다.……모순의 저편은 차이이다."(같은 책, 160쪽) 이런 구절들과 관련하여 헤겔에 대해 스피노자의 긍정성을 대치시키며 모순의 부대적 지위를 확인하는 마슈레의 다음 문장들 역시 참조할 수 있다. "모순은 어떤 존재를 그 실재성 속에서 확립해주지 못할 뿐만 아니라, 이 존재에 대해 어떤 실재성을 거부하지도 못한다. 왜냐하면 모순의 담론은 사물들의 본질에는 완전히 외재적이기 때문이다."[27] 요컨대 부정성, 모순은 근본적인 차이에 대해선 부차적인 개념일 뿐 근본 규정으로 작동할 수가 없다.

4. 차이의 존재론

지금껏 보아왔듯 존재 문제를 다루고 있는 현대 철학의 두 핵심

27 피에르 마슈레, 진태원 옮김, 『헤겔 또는 스피노자』, 이제이북스, 2004, 297쪽.

적인 사상의 중심에는 '차이의 근본성과 부정성의 파생성'이라는 주제가 자리잡고 있다. 현대철학에서 부정성에 대해 차이를 우위에 놓으려는 시도를 기술하기 위해 하이데거와 들뢰즈를 함께 선택한 것은 임의적인 일인가? 두 사상가는 각자 완전히 별도의 영역에서 사유하는가? '비교'라는 작업은 늘 이런 의혹을 끌고 다닌다. 비교는 무한히 진행될 수 있고 그만큼 생산적일 수도 있는 대신에, 많은 경우 임의성의 혐의를 떨치지 못한다. 한 마디로 모든 것이 어떤 식으로든 비교가능하기 때문이다. 우리가 진행하고 있는 작업의 핵심은 무엇인가? 서로 별개의 두 사상을 비교하는 것이 아니라, '존재'와 '차이'의 필연적 관계를 숙고하는 것이고, 이 작업이 진전을 보기 위해선 이 주제와 필연적으로 관련된 사유의 시도들이 소환될 수밖에 없었다. 그리고 그 시도들은 하이데거와 들뢰즈가 남긴 생각의 유산들이었다. 누구도 존재 및 차이와 관련된 사유에 대한 이 둘의 개입을 임의적으로 만들 다른 사상의 궤적을 제시하지 못할 것이다.

이 두 사상의 관련성은, 당연한 이야기겠지만, 하이데거보다 뒤에 출현한 들뢰즈의 저작 속에서 마련된다. 들뢰즈는 『차이와 반복』의 첫 페이지에서부터 이 저작이 하이데거와 가지는 친화성을 이렇게 명시하고 있다. "여기서 다루는 주제[차이의 문제]는 분명 이 시대에 널리 공유되어 있다. 이를 말해주는 조짐들은 많다. 하이데거는 점점 더 심각하게 존재론적 차이의 철학으로 향하고 있다."(『차이와 반복』, 17쪽) 그렇다면 어떤 의미에서 들뢰즈의 차이의 철학은 하이데거의 차이의 철학과 연관되는가?

우선 이 문제와 관련하여 들뢰즈가 하이데거에게 자신을 접목시키는 방식은 '제한적이라는' 점을 명시해야겠다. 어떤 점에서 제한적인지 알기 위해선 차이가 억압되는 방식들에 관한 들뢰즈의 다음과 같은 분석에서부터 시작해볼 필요가 있다.

　존재자에 대한, 철학사에 출현한 기존의 접근들과 관련하여 들뢰즈가 던지는 비판적 물음은 다음과 같다. "차이를 견딜만한 것으로 만들고 사유할만한 것으로 만들기 위해서 그것을 '매개'해야만 했는가?"(같은 책, 89쪽: 번역 수정) 이 매개를 위해 개입하는 표상의 네 가지 국면이 바로 다음과 같은 것들이다. "반성적 개념 안에서 매개하고 매개되는 차이는 지극히 당연하게 개념의 '**동일성**', 술어들의 '**대립**', 판단의 '**유비**', 지각의 '**유사성**'에 복종한다. 여기서 재현[표상]이 필연적으로 지니게 되는 4중의 특성을 재발견할 수 있다."(같은 책, 100쪽) 이렇게 표상에 매개됨으로써 차이는 차이성을 상실한다. 간단히 설명해 보자면, 차이는 주어 자리에 오는 '동일성'을 지닌 개념 아래 종속된다. 주어 자리에 오는 동일성을 지닌 개념은 술어 자리에 오는 다양한 것들을 한데 모아 동일성 아래 종속시킨다. 또한 차이나는 다양한 속성들은 술어 자리에 오기 위해 '대립'에 매개된다. 예컨대 P가 술어일 때, ~P가 술어 자리에 오지 못한다는 것은 술어를 주어에 귀속시키기 위한 규칙이다. 그러나 당연히 술어 자리에 올 수 있는 성질들은 단지 $P \wedge \sim P$의 대립 구도(예를 들면 '빨갛다'와 '빨갛지 않다')로 환원되지 않는 차이성(예를 들면 다양한 색깔)을 지닌다는 점에서 대립은 차이에 대한 임의적인 억압이다. 그리고 판단에서 다수적인 것들은 '유비' 관계 아래 종속된다. 스콜라 철학의 유비 이론을 염두에 두고서, 지성적 존재자로서 창조자는 지성적 존재자로서의 피조물보다 탁월하다라는 판단문(…이 …보다 탁월하다)을 예로 들어보자. 여기서 지성적 존재라는 말은 양자에게 서로 다른 의미로 쓰이지만, 전혀 무관한 두 가지 의미로 쓰이는 것이 아니라 유비 관계 속에서 쓰인다. 결국 두 존재자의 차이는 유비에 종속된다. 아울러 지각할 때, 사물들은 차이를 상실한 채 '유사' 관계 속에 배치된다. 예를 들면, A라는 열매와 B라는 열매는 동종의 것으로 유사하다고 상정해 보자. 이때 유사성은 양자 모두가 참여하는 개념의 동일성(예를 들면 이데아의 동일성)에 의존한다. 개념의 동일성을 배경으로, 차이는 유사 관계라는 질서 속에 포획된다.

그런데 여기서 들뢰즈는 존재자를 규정할 때 차이를 상실하게 하는 한 가지 표상 형식인 '동일성'을 하이데거가 '어떤 방식으로든 간에' 보호하고 있다고 생각한다. "하이데거는 '존재자'가 표상의 동일성과 관련한 모든 종속에서 진정으로 벗어나고 있다는 그런 식으로 존재자를 사유하는가? 결코 그렇지 않은 것처럼 보인다……."(같은 책, 161~162쪽; 번역 수정) 들뢰즈에게선 존재 자체가 차이를 통해 언명될 뿐 아니라, 존재자의 규정 원리 또한 차이이다. 그러므로 들뢰즈에겐 **두 가지 유형**의 차이가 있는 것이다. 그 두 가지란, 들뢰즈가 독해하는 스피노자적 개념을 맥락 삼아 이야기하자면, 존재를 표현하는, 속성들 사이의 구별(형상적 구별이자 실질적 구별)로서의 차이와 존재자에 해당하는 양태의 구성 차원에 개입하는 차이이다. "형상적 구별과 양태적 구별은 일의적 존재가……스스로 차이와 관계하는 두 가지 유형이다."(같은 책, 110쪽) 우리는 양태들의 출현에 관여하는 차이에 대한 다음과 같은 진술을 읽을 수 있다. "양태의 본질은 힘의 정도[degré de puissance]……즉 강도(强度)적 부분 혹은 강도이다."[28] "……힘의 정도라는 양태에 대한 규정이 따라나온다."(『차이와 반복』, 111쪽; 번역 수정) 여기서 힘의 정도인 강도는 차이를 통해서만 성립한다. "……즉자적 차이 자체인 강도는 차이를 '긍정'한다."(같은 책, 500쪽) 힘이란 무엇인가? 스피노자의 개념에서는

---

28 질 들뢰즈, 『스피노자의 철학』, 149쪽.(번역 수정)

속성이 그것을 나타낸다. 다음 두 문장에서 귀결되듯이 말이다. "신의 능력[힘]은 신의 본질 자체이다."(『에티카』, 1권, 명제 34)[29] "속성들은 실체[신]의 본질을 구성한다."[30] 그리고 도(강도)라는 것이 가능하기 위해서는 하나의 도와 다른 도를 분리해줄 '차이'가 불가결하다. 따라서 대상(존재자, 양태)에 대한 규정은 차이로부터 얻어진다. 변별적인 것들(차이나는 것들, les différentielles)의 상호규정은 지각으로서의 대상에 대한 완전한 규정을 달성한다.[31]

이렇게 들뢰즈에 따르면 존재자의 출현을 가능케 해주는 것은 차이(힘의 강도를 가능케 하는)이다. 그러나 하이데거에게 있어선 존재론적 차이가 사유할 수 있도록 해주는 존재자의 존재함과 별도로, 현전자로서 존재자를 규정하는 것은 동일성이라는 것이 들뢰즈의 생각이다. 이렇게 보자면 결국 존재론적 차이에 대한 사유는 **"동일성의 본질 유래 속으로 진입해 들어가는 사유"**[32]인 것이다. 따라서 존재적 차원에서 '존재자'에 대한 규정에서가 아니라, '존재'를 사유하기 위한 개념의 차원에 제한해서만 하이데거와 들뢰즈의 관련성은 들뢰즈 자신의 문장들을 통해 확인할 수 있을 것이다.

들뢰즈가 '비(非)존재'라는 용어에서, 이 비(또는 무(無))의 의미에

---

29 베네딕투스 데 스피노자, 강영계 옮김, 『에티카』, 서광사, 1990, 267쪽.

30 질 들뢰즈, 『스피노자의 철학』, 83쪽.(번역 수정)

31 질 들뢰즈, 이찬웅 옮김, 『주름—라이프니츠와 바로크』, 문학과지성사, 2004, 162쪽 참조. 첨언하자면, 차이를 통해 탄생하는, 스피노자에게는 양태에 해당하는 존재자는 들뢰즈의 욕망 이론에서는 '독신기계(machine célibataire)'라 불리는 것인데, 이 독신 기계 역시 도를 가능하게 하는 차이를 통해 강도량으로서 탄생한다. "독신기계는 무엇을 생산하며, 또 그것을 통해서 무엇이 생산되는가? 강도량이라는 것이 답이 될 것이다."(G. Deleuze & F. Guattari, *L'anti-Œdipe*, 25쪽)

32 마르틴 하이데거, 『동일성과 차이』, 32쪽.

어떻게 접근하는지 보자. "모순의 저편은 차이다. '비-존재'의 저편은 (비)-존재"(『차이와 반복』, 160쪽)이다. 비-존재가 한갓 부정이나 대립이 아니라, 차이라는 것을 강조할 필요가 있을 때 들뢰즈는 '(비)-존재' 또는 '?-존재'라는 특별한 표기를 사용하며, 상대적으로 '비-존재'라는 표현은 부정적인 것을 가리키기 위해 남겨두기도 한다. 따라서 "'비-존재의 저편은 (비)-존재"이다라는 위 문장은 그 앞의 구절("모순의 저편은 차이")을 고려하여, 맥락상 '부정적인 것의 저편은 차이다'로 바꾸어 쓸 수 있다. 그런데 들뢰즈는 자신의 이러한 사상을 하이데거를 통해서 굳건하게 하고 있다. "하이데거가 말하는 비[무](NE-PAS)는 존재 안에 있는 **부정적인 것을 암시하는 것이 아니라 차이로서의 존재**를 암시한다.······'비(Nicht)'는 부정적인 것을 표현하는 것이 아니라 존재와 존재자 사이의 차이를 표현한다."(같은 곳) 이 '비(非)'는 어떤 대립, 모순도 나타내지 않는다. 하이데거가 "'존재'는 존재자와 같은 그런 어떤 것은 아니다"(『존재와 시간』, 18쪽)라고 했을 때, 이 '아님'은 대립이나 모순 같은 부정성이 아닌 것이다. "차이로서의 무[비]"[33]라는 표현이 알려주듯 그것은 존재론적 차이, 존재를 발견할 수 있게 해주는 유일무이한 개념으로서 '차이'이다.[34]

---

33 마르틴 하이데거, 신상희 옮김, 『이정표』, 1권, 한길사, 2005, 187쪽.

34 이렇게 하이데거와 들뢰즈는 공통적으로 부정성과 싸우면서 차이 개념을 내세운다. 그렇다면 두 사람 모두에게 존재에 접근하기 위한 근본 개념으로서 '차이'는, 이 두 철학 각각 안에서는 어떤 고유한 모습을 지니고 구분될까? 한 마디로 들뢰즈에게 차이는 일의적 존재를 표현하는 다수의 힘들의 차이고 하이데거에서는 존재와 존재자 사이의 차이라고 할 수 있을 것이다. 그러나 더 중요한 질문을 던질 수 있을 것이다. 두 철학에서 차이의 모습은 서로 완전히 구분되는 것일까? 서로에게 접근할 수 있는 길은 없는가? 간략히 말하면, 들뢰즈에서 '존재자'는, 차이에 기반하는, 힘의 '강도'의 산물이고, 힘은 '존재'의 표현이다. 그렇다면 이때 차이는 존재로부터 존재자가 개념상 '구분되어 나타나게끔' 해주는 차

이 차이가 하이데거와 들뢰즈 양자에게서 철학의 근본적인 물음의 대상이 된다. 하이데거에게서 가장 탁월한 물음이 존재 물음이었듯 들뢰즈에게서도 그렇다. "문제나 물음은 어떤 주관적 규정이 아니다. 인식에 있어서 불충분성의 국면을 표시하는 어떤 결여적 규정도 아니다.……**좀 더 심층적인 관점에서 말하자면, 바로 그와 같은 문제나 물음의 본질에 '상응'하는 것은 존재이다.**"(『차이와 반복』, 159쪽) 이미 하이데거는 이와 동일하게 물음과 존재를 연결짓고 있었다. "근본 문제의 회복[반복, Wiederholung]을 우리는 그 문제의[그 문제가 관여하는] 이제껏 감추어졌던 근원적인 가능성들을 개시하는 작업으로 이해한다."[35] 이 문장에서 말하는 '가능성'이란 '존재'를 가리킨다.[36] 따라서 이 인용은 '근본 문제'가 '존재에 대한 사유'에 관여하고 있음을 이야기하고 있다. 이 존재는 무엇을 통해 접근 가능한가? 무엇을 통해 우리는 존재를 문제시할 수 있으며 물음을 던질 수 있는가? 바로 하이데거가 '존재론적 차이'라 부르고 들뢰즈가 '차이 자체'라고 부른 것을 통해 그렇게 할 수 있다. 그런 의미에서 우리는 이렇게 이야기할 수 있을 것이다. "비-존재

이 아닌가? 이런 관점에서 보자면 들뢰즈의 이 차이는 '존재와 존재자 사이의 차이'라 일컬을 수 있을 것이다.

35 마르틴 하이데거, 이선일 옮김, 『칸트와 형이상학의 문제』, 한길사, 2001, 283쪽. 이 인용문에는 중요한 개념 '반복'이 등장하는데, 다음 장에서 '반복'의 관점에서 이 문장에 다시 접근할 것이다.

36 현존재는 가능성 외에 다른 것으로 존재하지 않는다. "현존재는……그의 **가능성으로서 존재**하고 있는 그 방식이다."(『존재와 시간』, 199쪽) 다음과 같은 요약 또한 참조할 수 있다. "하이데거는 존재를 우리를 진정으로 사랑하고(mögen) 우리를 가능케 한다는(ermöglichen) 의미에서 가능한 것(das Mög-liche)이라고 부르고 있다.……존재란 우리 자신과 모든 존재자들의 진정한 가능성들이다."(박찬국, 「하이데거-과학기술시대, 가능성 개념의 새로운 정초」, 『가능성』, 산해, 2001, 132~135쪽)

는 있다. 그렇지만 부정적인 것이나 부정은 없다. 어떤 비-존재가 있다면, 그것은 결코 부정적인 것의 존재가 아니라 문제제기적인 것의 존재이다."(『차이와 반복』, 437쪽) 물론 여기서 비-존재란 앞서 논의했듯 차이이며, 따라서 이 문장은 '차이는 물음을 제기하게 만든다'라고 바꾸어 쓸 수 있을 것이다. 들뢰즈의 이 말은 "존재가 차이로부터 사유되고 있다"[37]는 하이데거의 말과 공명하고 있다. 존재를 사유할 수 있게 해주는 개념인 '차이'를 통해 그 존재에 대한 물음이 비로소 탄생하니까 말이다.

   이 점을 들뢰즈의 하이데거 이해와 관련하여 좀 더 명확히 할 필요가 있다. 들뢰즈 철학의 주요 논제 가운데 하나는, 사유가 어떤 '주관적 전제'도 가지지 않는다는 것이다. 주관적 전제란, 가령 아리스토텔레스의 『형이상학』을 시작하는 유명한 문장, 즉 "모든 사람들은 본성상 알기를 좋아한다"(『차이와 반복』, 294쪽) 같은 것, 또는 데카르트의 『방법서설』 앞머리에 나오는 "양식(良識)은 이 세상에서 가장 공평하게 분배되어 있는 어떤 것이다"(같은 곳) 같은 것으로서, 이런 주관적 전제의 임의성을 폭로하는 작업이 바로 '사유의 공리들에 대한 들뢰즈의 비판'이다.(사유를 지배하는 공리들이 있으며, 이 공리들은 임의적이라는 비판)[38] 이런 '사유의 주관적 전제 문제'와 관련하여 『차이와 반복』에서 들뢰즈는 하이데거에 대한 '양면적' 태도를 보여준다. 한편으로 비판적이며 다른 한편으로 친화적이다. 하이데거가 "어떤 선(先)-존재론적 존재 이해"(『차이와 반복』, 290쪽), "존재에 대한 어떤 선-존재론적이고 암묵적인 이해가 있다는 것"(같은 책, 322쪽)을 말한다는 점에서 들뢰즈는 하이데

71

---

37 마르틴 하이데거, 『동일성과 차이』, 57쪽.
38 이 주제에 대해선 서동욱, 『차이와 타자』, 문학과지성사, 2000, 1장 참조.

거가 여전히 '주관적 전제들'을 가지고 있다고 비판하면서 그와 거리를 둔다.(같은 곳 참조) 앞 장에서 잠시 언급했듯, 바디우가 들뢰즈는 들뢰즈 자신이 스스로 생각했던 것보다 하이데거에 훨씬 더 가깝다고 확신한다고 말하면서도 들뢰즈와 하이데거를 '구분하는' 까닭도 넓게는 이런 맥락에서이다.[39] 들뢰즈에게는 '존재에 접근하기 위해 주관의 매개가 필요 없는 것'이다.

그러나 『존재와 시간』 이후의 하이데거 철학은 '존재의 의미'가 어떤 식으로든 주관에 매개되는 것을 이전보다 더욱 강하게 거부하는 방향으로 나가지 않는가? 그것은 『존재와 시간』이 나온지 대략 10년 후인 1936년에서 1938년경 쓰인 하이데거의 또 다른 대표작 『철학에의 기여』에서 읽을 수 있는 다음과 같은 구절에서도 잘 나타난다. "『존재와 시간』에서 현-존재는 아직 '인간학적인 것', '주관주의적인 것', '개인주의적인 것' 등의 외관 속에 서 있다."(『기여』, 422쪽) 하이데거의 사유는 이런 오해를 불러일으키는 외관을 현존재로부터 벗겨내는 방향으로 진행하며, 그 사유는 『철학에의 기여』에서 다음과 같이 확인된다. **"현-존재는 모든 주관성을 극복했다."**(같은 책, 363쪽) 1935년 강의록인 『형이상학 입문』은 존재에 대한 물음은 어떤 주관의 힘에도 종속되지 않는다는 점을 다음과 같이 표현하기도 한다. "어떤 특정한 개개의 있는 것도 이 질문[존재 물음] 속에서 두드러지지 말아야 함에 틀림없다.……우리들은 모든 특정한 하나하나의 있는 것들, 그리고 인간을 그 특정한 예로 생각하는 것조차도 그만두어야 하는 것이다. 도대체 이 인간이라는

---

39 알랭 바디우, 박정태 옮김, 『들뢰즈-존재의 함성』, 이학사, 2001, 68~73쪽 참조.

있는 것은 무엇이 별났기에!"[40] 있는 것들에 관한 물음에서, 그 물음을 던지는 자로서 인간은 특별한 위치를 점하지 않는다. 더 나아가 존재를 사유할 수 있게 해주는 '차이'는 현존재에 내재하는 어떤 주관적 전제 같은 것이 될 수가 없다. 존재는 그것에 대해 질문을 던지는 주관과 상관이 없는 것이다. "'존재'는 '주관'에 의해 만들어진 것이 아니다. 오히려 **모든 주관성을 극복함으로서의 현-존재**는 존재의 현성[Wesung, 존재함의 사건]으로부터 발원한다."(『기여』, 434쪽) 현존재는 존재함의 사건 속에서 출현하지, 존재함이 현존재로부터 발원하는 것이 아니다.

　이렇게 존재의 의미가 주관에 매개되지 않는다면, 주관적 전제가 없는 존재 사유는 당연히 주관에 내재하지 않는 것에 의해 '강요'됨으로써 시작될 수밖에 없다. 그리고 이런 식의 무전제에서 출발하는 사유야말로 들뢰즈 철학이 그려내고자 하는 것이다.[41] 그런데 앞 장에서 보았듯, 주관적 전제 없이 사유 외적인 것의 강요에 의해서만 시작되는 이런 사유를 들뢰즈는 바로 하이데거에게서 발견하지 않았는가? 하이데거에 대한 그의 비판이 얼마간 무색하게도 말이다. "사유는 그 어떤 것에 의해서도 강요되지 않는 한에서는 사유하지 않는 것이 아닐까? 하이데거의 말을 인용하자면, '우리에게 가장 많은 사유를 불러일으키는 것은 우리가 아직 사유하고 있지 않다는 사실이다.'"(『차이와 반복』, 578쪽) 여기서 하이데거의 저 말은 우리가 앞 장에서 주요하게 다루었던 『사유란 무엇인가』의 구절이다. 여기서 "우리가 아직 사유하고 있지 않다"는 말을 들뢰즈는 사유는 주관 내재적 전제에 의해 미리 규정되어 있지 않고, 전적으로 '미규정적'이라는 뜻으로 이해한다. 내적 전제

40　마르틴 하이데거, 박휘근 옮김, 『형이상학 입문』, 문예출판사, 1994, 26~27쪽.
41　서동욱, 『차이와 타자』, 1장 참조.

가 없으므로, 사유는 자발적으로 시작되지 않는다. 사유는 사유 외적인 것의 강요에 의해서만 시작될 것이다. 사유를 시작하게 해주는 그것은 무엇인가? 존재에 대한 사유를 하게끔 해주는 이것이 바로 주관으로 환원되지 않는 '차이'이다. 이렇게 들뢰즈는, 부정성과 싸우면서 존재는 근본적으로 차이를 통해 사유되고 물어지며 언명된다는 사상을 애써 다듬고 있을 때 자기와 동일한 상황과 문제에 먼저 직면했던 자로서 하이데거를 발견하고 있는 것이다. 이제 차이를 통해 드러나는 존재가 어떤 운동 속에서 존재자를 출현시키는지 바라봐야 한다. 바로 '반복'이라는 생성의 운동 말이다.

3장

반복: 운동의 원리를 찾아서

3장

반복:
운동의 원리를
찾아서

1. 반복의 풍경들

반복(Wiederholung, répétition)은 취객이 밤늦도록 되풀이하고 또 되풀이하는 부서진 말처럼 불필요한 낭비나 사족을 덧붙이는 일 같아 보일지 모르지만, 베토벤이 《3번 교향곡》을 작곡할 때 깨달은 것처럼 무엇인가를 생산해 낸다. "가령 베토벤은 제시부를 반복하는 문제를 놓고 오랫동안 결정을 내리지 못했다.……그러나 그는 로프코비츠 궁에서 리허설을 해본 뒤에 반복하지 않으면 교향곡의 맛을 살릴 수 없다는 사실을 깨달았다."[1] 단지 반복했을 뿐인데, 선율 속에서 놀라운 무엇인가가 출현하는 것이다. 이런 경이로운 생산을 하는 《3번 교향곡》의 반복은 프루스트가 『스완네 집 쪽으로』에서 뱅퇴이유의 소악절로부터 발견하고 있는 바이기도 하다. 뱅퇴이유를 듣는 스완은 소악절의 성취가

---

1   얀 카이에르스, 홍은정 옮김, 『베토벤』, 길, 2018, 346쪽.

'반복'으로 부터 온다는 것을 깨닫는다.

> 스완은 소악절을 다시 연주해 달라고 해놓고서, 그것이 어떻게 해
> 서 향기나 애무처럼 자기를 에워싸고 감싸 오는 것인지 알아내려고
> 했다. 이때 그에게는 추위로 인해 몸을 움츠릴 때 생기는 것과 같은
> 쾌감이 느껴졌는데, 이 쾌감이 소악절을 구성하는 비슷한 다섯 음
> 사이의 근소한 차이와 그 가운데 두 가지를 **끊임없이 반복하는 것에**
> **서 생긴다는 것**을 이해했다.[2]

반복의 이야기는 매력적이다. 인류의 가장 오래된 신화인 욥의 이
야기에서 신은 반복을 통해 욥이 모든 것을 갑절로 가지게 해준다. 키
르케고르는 말한다. "욥은 축복을 받았고 모든 것을 '갑절'로 되받았습
니다. 사람들은 이것을 '반복'이라고 부릅니다."[3] 인생이 불 꺼진 공원의
롤러코스터처럼 보이지 않는 레일에 슬쩍 얹힌 채 어딘가로 곤두박질치
고 있을 때 우리는 태양으로 오르는 계단 같은 대단한 선물인 저 반복
을 희구한다. 욥의 신화가 아니라면 어떻게 저와 같은 반복의 축복을
누리겠냐고? 신화 속에서가 아니더라도 우리는 반복의 축복을 받을 수
있다. 문자 그대로 젊음이 반복되는 일, '회춘(回春)'이 그것이다. 가령
횔덜린의 시를 보라. "피 흘리는 날개는/이제 다 나았고, 희망들도 회춘
[verjüngen]하여 생동한다."[4] 횔덜린의 시들, 그리고 『휘페리온』이나 『엠
페도클레스의 죽음』 같은 대작에선 회춘이라는 반복이 핵심을 이루고

2   M. Proust, *À la recherche du temps perdu*, Paris: Gallimard, Pléiade 문고, 1954,
    Tome. I, 349쪽.
3   쇠얀 키르케고르, 임춘갑 옮김, 『공포와 전율/반복』, 다산글방, 2007, 370쪽.
4   프리드리히 횔덜린, 장영태 옮김, 「디오티마에 대한 메논의 비탄」, 『궁핍한 시대
    의 노래』, 혜원출판사, 1990, 232쪽.

있는데 회춘, 청춘의 반복이란 그리스를 회복하는 것이기에, 역사가 다시 젊어지는 것이기에 그렇다.

반복 속에선 축복만 찾아오는 게 아니다. 사람들은 나쁜 일도 반복한다. "환자는 자신 속에 억압되어 있는 것의 전부를 기억해 낼 수 없다. 그리고 기억해 낼 수 없는 것이 바로 본질적인 부분일 수 있다. 분석자들이 말하듯이 환자는 억압된 자료를, 과거에 속한 것으로 '기억'하는 대신, 그의 동시대적 경험으로서 그것을 '반복'하지 않을 수 없게 된다."[5] 그런 이유로 사람들은 과거의 것을 현재의 악몽으로 매일 밤 반복하기도 하는 것이다. 그것은 나쁜 것을 반복하면서 받아들일만한 것으로 만들 방안을 이리저리 찾는 일이다. "반복을 통해 그 인상의 강도를 소산(Abreagieren)시키고 자신들이 그 상황의 주인이 된다는 것은 분명한 사실이다."[6] 죽음충동과 관련된 이 흥미로운 주제를 우리는 이 장의 끝자락에서 말 그대로 반복해서 살펴볼 것이다.

이렇게 한 사람의 인생 속에만 반복이 있는 것은 아니다. 세대를 이어 사람들의 이야기는 반복되기도 하는데, 가령 루크 스카이워커의 이야기(《스타워즈》(1977))는 레이의 이야기(《깨어난 포스》(2015))로 되풀이된다. 영화라서 그런 게 아니다. 나폴레옹 3세에 대한 마르크스의 유명한 말이 알려주듯 반복은 역사 속에도 있다. 세계사에서 막대한 중요성을 지닌 모든 사건과 인물들은 반복된다. 한번은 비극으로, 다음은 익살극으로……. 우리는 반복하면서도 마치 새로운 사건을 겪는 듯 살고 있는 것은 아닐까? 로브그리예는 반복을 주제로 한 작품 『되풀이(La

---

5   지그문트 프로이트, 박찬부 옮김, 『쾌락원칙을 넘어서』, 프로이트전집, 14권, 열린책들, 1997, 25쪽.
6   같은 책, 23쪽.

reprise)』(2001)에서 쓰고 있다. "언제나 이미 뱉어진 옛 낱말들은 늘 똑같은 낡은 이야기를 이야기하며 반복된다. 세기에서 세기로 전해지는, 한 번 더 되풀이된, 그리고 영원히 새로운 이야기를……."[7] 이 구절은 로브그리예에 앞서 반복에 몰두했던 한트케의 『반복(Die Wiederholung)』(1986)에서 피력된 생각과 동일한 것을 말하고 있다. "이야기, 반복하라, 다시 말해 새롭게 하라."[8] 실은 반복하고 있으면서도, 인생의 새로운 이야기를 써나가는 줄 알고 있다면 반복은 오히려 새 행위를 시작하는 조건이 되는 것이 아닐까?

인간 존재의 저 다양한 국면들에 반복이 끼어들고 있다. 그렇다면 존재함의 질서 자체가 반복인가? 그리하여 반복이라는 저 존재의 방식은 인간 삶의 여러 국면들로 표현되고 있는 것인가? 만일 그렇다면, 존재함이 정말 반복에 담겨있는지, 반복이 존재의 모습인지 시험해 보아야 할 것이다. 사유가 뛰어오르기 위해 디딤돌을 필요로 한다면, 우리는 이런 작업을 위한 실마리를 찾아야 할 텐데, 하이데거와 들뢰즈가 그것을 제공해 주고 있다. 현대 존재론을 쇄신한 두 사람은 우리가 본대로 차이의 존재론을 구축했다는 공통적 의의를 지닌다. 나아가 양자는 모두 존재함의 근본을 반복으로 이해하고 있다. 양자 모두 공통적으로 변증법의 추동력을 이루는 부정성과 다른 '차이'를 근본 개념으로 내세우며, 변증법적 지양 내지 발전과 다른 '반복'을 숙고한다. 존재의 비밀은 '차이와 반복'인 것이다. 이 장은 저 반복 개념의 정체를 드러내고자 한다.

7   알랭 로브그리예, 이상해 옮김, 『되풀이』, 북폴리오, 2003, 212쪽.
8   페터 한트케, 윤용호 옮김, 『반복』, 종문화사, 2013, 259쪽.

2. 반복, 부정적 매개 없는 운동

'반복'이라는 주제가 가지는 의의는 무엇인가? 파르메니데스의 반대편을 본다면, 고대 이래 사물의 존재함이란 시간성으로부터, 곧 생성으로부터 사유되어 왔다. 아낙시만드로스가 바름(δικη)과 바르지 않음($\dot{a}\delta$ικία)의 지배에 따른 자연의 반복된 변화를 설명했을 때부터 철학은 존재자들의 생성 원리에 관심을 두었다. 이런 생성 변화에 관한 하나의 중요한 이론적 성취로 독일관념론을 꼽는 데는 이론의 여지가 없을 것이다. 가령 헤겔은 스피노자의 기하학적 사유 안에 운동이 없다는 점을 비판적으로 조명하고, 운동과 생성이 어떻게 가능한가를 설명하고자 했다.[9] 모순, 부정적 매개 등으로 불리는 개념을 내세우면서 말이다. 『정신현상학』의 몇 구절을 읽어보자. "매개란 자기동일적인 것이 스스로 운동하는 것이며, 자기와 맞서 있는 자아가 이를 자각하는 가운데 자체 내로 복귀하는 순수한 부정성으로서, 이 운동을 순수하게

---

9 수학적 방법에 대한 이런 비판의 핵심은, 수학적 개념 내재적인 운동의 원인은 없다는 것, 다시 말해 수학적 개념은 그 자체로는 운동하지 못한다는 것이다. 따라서 수학적 개념을 통해 보여지는 것은 그 자체로는 운동하지 못하는 "움직임도 생명도 없는 것"(G. W. F. 헤겔, 임석진 옮김, 『정신현상학』, 한길사, 2005, 1권, 81쪽)이다. "수학의 증명이라는 운동은 대상에 속하는 것이 아니라 사태를 겉도는 외면적인 행위이다. 이를테면 직각 삼각형이라는 것이 스스로 해체되어 작도를 이루어내고 세제곱의 정리를 증명하는 데 필요한 도면이 작성되는 것은 아니며 어디까지나 결론을 이끌어내는 과정 전체가 인식을 위한 절차와 수단이 되어있는 것이다.……수학적 인식에서는 문제의 핵심을 이해하기 위한 길잡이가 외부로부터 부가되는 까닭에 정작 다루어져야 할 내용은 변질되어버린다."(같은 책, 1권, 79~80쪽) 현대 스피노자 해석의 주요한 한 면모는, 헤겔의 비판에 맞서서 스피노자의 기하학적 방법이 생성과 변화에 대한 해명을 내포한다는 점을 보이는 것이다.

추상화해본다면 이는 단순한 생성의 운동이다."[10] 스스로와 맞설 수 있는 자, 내면에 부정성을 지닌 자가 바로 주체이다. "부정이나 매개를 자기의 외부에 맡겨놓다시피 한 무기력한 존재가 아니라 스스로 분열과 매개를 행하는 존재만이 주체라고 불릴 수 있는 것이다."[11] 그리고 스스로와 맞서는 데서 성립하는 이 괴리, 곧 부정성이 운동을 가능케 한다. "의식 안에 있는 자아와 자아의 대상인 실체 사이에 괴리가 생겨난다면 이 괴리는 실체를 분열시키는 부정적인 것이다. 따라서 괴리가 있다는 것은······양극을 함께 운동으로 몰아가는 원동력이다."[12] 주체는 스스로와 맞서 있는, 괴리를 지닌 자아를 극복해서 자기 자신으로, 하나의 실체로 통합하는 운동을 벌이는 것이다. "현실의 존재는 온갖 공허한 대립을 지양하고 마침내 자아=자아라는 지에 도달"[13]한다. "실체가 동시에 주체라고 하는 정신의 궁극의 형태"[14]에 도달하는 것이다.

이것이 헤겔이 제시하는 부정적 매개에 기반한 운동 사상의 기본적 윤곽이다. 생성과 변화라는 존재의 국면은 현대 존재론에 와서도 자신의 핵심적인 지위를 내놓지 않으며 철학자들에게 사유할 것을 요구한다. 그러나 헤겔과 비판적 거리를 두게 된 현대 존재론은 운동의 원인으로서 저 부정적 매개를 의심하고 새로운 운동의 원리를 사유하는데서 자신의 의의를 발견한다. 부정적 매개가 한 시대를 대표하는 존재의 생성이론이었다면, 충분한 이유를 들어 이를 버리고서 역사와 생성을 사유하는 일은 새로운 시대를 여는 하나의 문을 만드는 일이라고

10 G. W. F. 헤겔, 『정신현상학』, 1권, 57쪽.
11 같은 책, 1권, 72쪽.
12 같은 책, 1권, 75쪽.
13 같은 책, 2권, 344쪽.
14 같은 책, 2권, 349쪽.

도 할 수 있겠다.

누가 헤겔과 다른 방식으로, 부정적 매개와 다른 방식으로 생성, 운동, 시간을 사유하는가? 최초의 선구적인 이로 우리는 키르케고르를 꼽을 수 있을 것이다. 헤겔의 부정적 매개에 맞서, 키르케고르는 『반복』에서 다음과 같이 '반복' 개념을 내세운다.

> 반복은 새로운 범주(範疇)로서, 새로 발견되어야만 하는 범주이다.……그릇되게 생각되어서 매개(媒介)라고 불리고 있는 것이, 사실은 이 반복이라는 사실을 쉽게 이해할 수 있을 것이다. 헤겔철학에서 이 매개라는 것이 얼마나 허황된 문제를 야기하였으며, 또 이 매개라는 딱지가 붙어서 얼마나 많은 어리석은 군소리가 명예와 칭송을 누렸는가는, 거의 믿을 수가 없을 정도로 엄청나다.[15]

가령 키르케고르는 약혼녀와의 관계가 파탄 나고 혼자가 된 것을 반복으로 이해한다. "나는 다시 나 자신입니다. 이제 나는 반복을 획득하였습니다.……나는 다시금 나 자신입니다.……이래도 반복이란 존재하지 않는다고 하겠습니까? 나는 모든 것을 갑절로 되찾은 것이 아닐까요? 나는 나 자신을 되찾은 것이 아닐까요?"[16] 키르케고르로부터 선구적으로 진행된, 헤겔의 부정성에 맞서는 반복은 하이데거와 들뢰즈 사유의 핵심적인 요소로 자리 잡는다.[17] 하이데거는 말한다. 우리가 앞 장에서 '차이'의 관점에서 살펴보았던 구절이기도 하다. "헤겔은

---

15 쇠얀 키르케고르, 『공포와 전율/반복』, 264쪽.

16 같은 책, 384쪽.

17 물론 이것이 양자가 키르케고르를 직접적으로 참조하며 계승하고 있다는 뜻은 아니다. 가령 들뢰즈는 자신의 반복 개념의 원형을 이루는 니체의 영원회귀와 키르케고르의 반복을 대립시키기도 한다.(『차이와 반복』, 616쪽 참조)

……도대체 정신의 본질구성틀이 부정의 부정으로서가 아니고 다르게 도 가능할 수 있는가 하는 물음은 전혀 검토하지 않은 채 놔두고 있 다. 가능하다면 근원적인 시간성을 근거로 해서일 것이다."(『존재와 시 간』, 564쪽) 하이데거의 『존재와 시간』의 근본 논제 가운데 하나는 자 기의식(코기토)은 스스로에게, 즉 자기가 자아에게 부정적으로 매개되 는 것이 아니라, 존재의 시간성에 매개되어 있다는 것이다. 즉 '근본 기분'을 통해서 드러나는 존재의 시간성이 코기토 차원에서 역할 하는 부정성에 선행한다. 들뢰즈의 경우 부정성을 단적으로 다음과 같이 비판한다. "차이의 철학이 거부하는 것이 있다. 그것은 '모든 규정은 부정(omnis deteriminatio est negatio)'이라는 명제이다."(『차이와 반복』, 136 쪽) 하이데거에게서 부정성이 존재의 시간성에 비해 부대적이었던 것 처럼 들뢰즈에게도 부정성은 부대현상이고, 차이가 근본적이다. "차이 는 차이나는 항들을 서로 직접적으로 관계지어야 한다."(같은 책, 263 쪽) 부정적 매개가 아니라 직접적 차이가 항들 사이의 근본 관계를 만 든다. 차이나는 항들의 관계는 궁극적으로 무엇이 되는가? 차이나는 항들의 관계가 일회적인 것이 아니라면, 결국 차이의 계속됨, '차이의 반복'이 된다.

3. 하이데거와 반복

그렇다면 하이데거와 들뢰즈가 부정적 매개에 맞서 내세우고 있 는 반복은 구체적으로 어떤 모습을 지니고 있는가? 하이데거의 경우 부터 살펴보자. 반복은 시간 속에서의 생성 문제이므로 일단 하이데거 가 과거, 현재, 미래의 차원에 어떤 방식으로 접근하는지 살펴야 할 것이다. 이와 관련된 핵심이 되는 표현들은 도래, 기재, 순간, 지금 등이다. 도래(Zukunft)는 미래, 장래로 번역되기도 하며, 과거에 해당하는 기재(Gewesenheit)는 '존재해 옴'을 뜻하고 '기존성' 또는 '있어 왔음'이라고 번역되기도 한다. 반복과 망각이 기재를 특징짓는다. 다음으로, 지금(Jetzt)은 비본래적인 현재이며 이와 구별되는 순간(Augenblick)은 본래적인 현재이다.

'도래'란 무엇인가? "근원적이고 본래적인 시간성의 일차적 현상은 도래이다."(『존재와 시간』, 436쪽) 하이데거는 이러한 도래를 본래적인 시간성을 사유할 수 있는 근본 지점으로 생각한다.

> 탁월한 가능성을 견지하면서 그 안에서 자기 자신을 자신에게로 '다가오도록' 함은 '도래[미래]'의 근원적인 현상이다. 현존재의 존재에 본래적 또는 비본래적인 '죽음을 향한 존재'가 속한다면, 이 경우 이것은 오직 지금 제시한 좀 더 상세하게 규정해야할 의미에서 '도래적인' 존재로서만 가능한 것이다. '도래'는 여기에서 아직 '현실적'이 되지 '않은', 이제야 비로소 '존재하게 될' 그런 지금을 의미하는 것이 아니라, **현존재가 그의 가장 고유한 존재가능에서 자기 자신에게로 다가오는 그런 옴**이다. 앞질러 달려가봄이 현존재를 '본래적으로' 도래적으로 만드는데, 앞질러 달려가봄 자체가, 현존재가 '존재하면서' 도대체 언제나 이미 자기 자신에게로 다가오는 한에서만, 다시 말해서 그의 존재에서 도대체 도래적인 한에서만, 가능하게 되는 식으로 그렇다.(같은 책, 431~432쪽; 대괄호-옮긴이)

현존재가 도래적(미래적)이 된다는 것은, 현존재가 앞질러 가봄으로써 자신의 가장 고유한 존재 가능과 직면하고, 이를 통해 본래적 시간성을 획득할 가능성을 가지게 된다는 것을 뜻한다. 현존재의 가장 고유한 존재가능은 곧 죽음이다. 현존재를 도래적으로 규정하는 것은,

그의 존재함을 죽음을 향한 존재 또는 죽음에 의해서 한계 지어진 존재로 이해하는 것과 다르지 않다. "죽음은……현존재의 근원적 '도래성'의 본질적 연관 안에 마주 던져져[entworfen] 있다."(『기여』, 407쪽) 어떤 의미에서 미래에 다가가 궁극적으로 마주할 것은 죽음밖에 없다. 디킨즈의 『크리스마스캐롤』에서 스크루지가 세 번째 유령을 따라나섰을 때 알게 되듯이 말이다. 도래적이 된다는 것, 아니면 좀 더 평이하게 풀어 말하면, 미래 시간을 건너다본다는 것은 현존재가 자신의 가장 고유한 존재 가능이 죽음임을 깨닫는다는 것이다. 현존재에게 일어날 가장 고유한 가능성인 죽음을 통해 현존재는 본래적으로 존재할 수 있다.

> 죽음을 향한 존재는 항상 현-존재의 규정으로 파악되어야 한다. 이 점이 말하고자 하는 바는 이렇다. 즉 현-존재 자체가 죽음을 향한 존재 안에서 연기처럼 사라지는 것이 아니다. 오히려 역으로 현-존재 자체는 죽음을 향한 존재를 자신 안에 포함하고, 또한 이러한 내포와 더불어 비로소 현-존재는 완전한 현-존재……가 된다.(『기여』, 409쪽)

즉 현존재에게 "죽음은 존재에 대한 최고의 증언이다."(『기여』, 331쪽) 도래적인 죽음의 의미는 현존재를 사라져 버리게 하는 데 있지 않고, 비로소 현존재의 존재함을 본래적으로 만들어 준다는 데 있다. 죽음이라는 끝은 그리스인들의 한계(페라스)처럼 존재함을 완전하게 해준다. "끝을 갖고 있지 않은 그 어떤 것도 완전하지 않다. 그런데 끝은 한계이다."(아리스토텔레스, 『자연학』, Ⅲ. 6. 207a9)[18] 요컨대 죽음이라는 끝

---

18 김인곤 외 옮김, 『소크라테스 이전 철학자들의 단편 선집』, 아카넷, 2005, 300쪽.

은 존재의 완성이다. "끝(das Ende)이라는 것은 완성(Vollendung)이라는 의미에서의 끝마침을 의미하는 것이다. 한계(Grenze)와 끝(Ende)은 이들에 의해서 있는 것이 있기(zu sein)를 시작하는 그와 같은 것이다."[19]

그렇다면 과거, 즉 기재는 무엇인가? 기재는 도래로부터, 즉 미래로부터 탄생한다. 자신의 고유한 가능성을 향해 앞질러 달려가 봄으로써 스스로를 미래(도래)적으로 만드는 자는 또한 가장 고유한 존재해 옴, 즉 과거(기재)를 이해하고 거기에로 되돌아온다.

> 내던져져 있음을 떠맡음은 현존재가, 그가 각기 그때마다 이미 그 것이었던 그 방식 안에서 본래적으로 존재함을 뜻한다. 그러나 내던져져 있음을 떠맡음이 가능한 것은 오직, 도래적인 현존재가 그의 가장 고유한 '그가 각기 그때마다 그것이었던 그 방식'으로, 다시 말해서 그의 '존재해왔음'으로 '존재할' 수 있기 때문이다. 오직 현존재가 도대체 '나는 존재해-왔다'로서 '존재하는' 한에서만, 그는 도래적으로 자기 자신에게로 다가올 수 있으며 그래서 '되돌아'오는 것이다[즉 반복하는 것이다]. 현존재는 본래적으로 도래적이면서 본래적으로 '존재해왔음으로 존재한다.' 가장 극단적이고 가장 고유한 가능성으로 앞질러 달려가봄은 가장 고유한 기재(旣在)[존재해옴]로 이해하며 되돌아옴이다.(『존재와 시간』, 432쪽; 뒤의 대괄호-옮긴이)

존재는 과거의 것이다.[20] 우리가 우리의 존재함에 대해서 사색한다

---

19 마르틴 하이데거, 박휘근 옮김, 『형이상학 입문』, 문예출판사, 1994, 104쪽.
20 이 점에 대해서는 들뢰즈는 하이데거와 다른 입장을 표명한다는 것을 우리는 다음 인용과 더불어 1장에서 살펴본 바 있다. "철학을 그 자신의 역사로 환원시킬 수는 없다. 왜냐하면 철학은 새로운 개념들을 창조하기 위해 역사로부터 벗어나기 때문이다."(G. Deleuze & F. Guattari, *Qu'est-ce que la philosophie?*, Paris: Éd. de Minuit, 1991, 92쪽) 들뢰즈에게 존재에 대한 철학적 사유는 마치 고향없는 유목민의 궤적처럼 역사로부터, 즉 과거로부터 벗어나 있다. 그러나 들뢰즈에게서 새

고 해 보자. 우리는 오로지 '존재해온 바'에 대해서 사유할 수밖에 없다는 것을 알 수 있다. 왜냐하면 "우리의 존재는 역사적 존재, 즉 정확히 말하자면 우선은 우리에게 전수된 기존의[이미 있어온] 존재이기 때문에"(『기여』, 82쪽; 대괄호―옮긴이) 그렇다. 우리는 우리 자신의 존재에 대해 생각할 때 '지금껏 어떻게 존재해 왔는가'라는 과거 양태의 물음을 피하고는 사유할 수 없다. 그런데 이런 기재(과거)적인 것, 즉 존재해 온 것을 사유할 수 있도록 해주는 동력은 미래로 달려가 보는 일이다. 우리는 미래로 달려가 봄으로써 우리가 존재해 온 그 자리로 되돌아 가 볼 수 있다. 우리의 과거는 우리가 미래로 달려가 보는 한에서만 본래적으로 '반복'될 수 있는 것이다. 예를 들어 일상에서 우리가 흔히 탄식하듯 표현하는 '내가 잘못 살아왔구나'라는 기재에 대한 깨달음은 미래(앞으로 해야 할 일, 하고 싶은 일 등)를 바라보았을 때만 주어진다.[21] 즉 미래로 달려가 봄으로써만 과거는 고유한 방식으로 다시 주어지는 것, 반복되는 것이다. 이러한 논의를 바탕으로 이제 '현재', 즉 '순간'에 대해 생각해 보자.

결단성의 앞질러 달려가봄에는 하나의 현재가 속하며, 그 현재에

로운 개념의 창조는 철학사 공부를 비껴갈 수 없다. 들뢰즈의 철학 자체와 분리할 수 없는 그의 철학사 연구들이 알려주듯 들뢰즈에게 새로운 개념의 창조란 철학사적 개념들을 창조적으로 상속받는 일이다.

21 물론 하이데거에게선 정확히는 '사는 것'이 아니라, '존재함'이 관건이다. 하이데거에게서 인간이나 삶은 존재함에 대해 이차적인 지위를 가질 뿐 아니라, 이것들이 철학의 중심 개념이 될 때는(가령 '휴머니즘'이나 '생철학'의 형태로) 비판의 대상이 된다. 이때, 인간이나 생은 '존재'로부터 이해된 존재자여야 하지만, 그렇지 못하고 가령 의식이나 임의적으로 설정된 질서에 따라 '표상'된 형태이기 때문이다. 대체로 그것들은 인간의 삶의 '목적'이나 생명의 '목적'이라는 일종의, 존재자들 사이의 원인 및 결과의 관계 속에서 표상된다.

따라서 결의가 상황을 열어 밝힌다. 결단성에서 현재는 가까이 배려되고 있는 것에로 흐트러져 있음에서부터 되찾아져올 뿐만 아니라 또한 도래와 기재 안에 견지되기도 한다. 본래적인 시간성에서 견지되고 있는, 따라서 '본래적인 현재'를 우리는 '순간'이라고 이름 한다.(『존재와 시간』, 447쪽)

Entschlossenheit 또는 『철학에의 기여』 같은 후기 작품에서 보다 빈번하게 Entschiedenheit 등의 개념으로 일컬어지는 '결단성'이란, 본래적인 존재함의 자리에 있는 것 또는 "존재 자체의 가장 내적인 본질적 중앙에로"(『기여』, 140쪽) 가는 것이다. 따라서 결단성은 존재자 차원에서, 인간 존재자의 한 성격인 자유 의지에 따른 결정이나, 존재자인 어떤 대상을 선택하는 일(Wahl) 등과는 상관이 없다. 현존재가 본래적인 존재의 자리에 오도록 하는 결단성을 통해서 도래적으로 앞질러 가보면서 현재를 견지할 때 그것을 본래적인 시간성 안에 있는 본래적인 현재, 즉 '순간'이라 일컫는다. 과거, 현재, 미래 모두의 차원에서 정리해보자면, 본래적 존재함을 가능케 하는 결단 속에서 도래적으로 앞질러 감으로써, 존재해온 과거를 본래적으로 회복(반복)하는 식으로 본래적 현재는 견지된다. "기재는 도래에서 발원하며……도래가 현재를 자기 자신에서부터 내보낸다."(『존재와 시간』, 432~433쪽)

잠깐 덧붙여 이야기해보자면, 본래적인 현재인 이 순간(Augenblick)은 '지금(jetzt)'과 다르다. '지금'은 굳이 말하면 비본래적 현재로서 "눈앞에 있는 그 지금"(같은 책, 447쪽)이라는 말이 알려주듯, 눈앞에 있는 존재자로서의 시간이다. 반면 순간은 눈앞에 있는 것이 아니라, 눈앞의 것(사변적·이론적 대상)이나 손 안의 것(도구 같은 실천적 대상)이 비로소 시간 안에서 나타날 수 있도록 해준다. "'순간에서는' 아무 것도 나타나지 않으며, 본래적인 마주-대함[현재]으로서의 순간은 손안의 것이나 눈앞의 것이 '시간 안에서' 그것일 수 있는 바로 그것을 '비로소 만나게' 해준다."(같은 곳; 대괄호—옮긴이)

우리는 또 과거, 현재, 미래를 다음과 같은 한 문장 속에서 정리해 볼 수도 있겠다. "도래는 기재보다 '더 나중에' 있는 것이 아니고 기재는 현재보다 '더 먼저' 있는 것이 아니다. 시간성은 기재하는—현재화하는 도래로서 시간화된다."(같은 책, 461~462쪽) 미래는 과거보다 나중에 있는 것이 아니고 과거는 현재보다 먼저 있는 것이 아니다. 근본적인 차원의 도래와 더불어서 과거의 본래적 모습이 출현하고 이런 일들이 이루어지는 순간이 현재화된다. 한 마디로 도래와 더불어서 과거, 현재, 미래가 출현하게 된다.

현대사상의 한 특색 있는 성찰은 '사후성의 논리' 또는 '거꾸로 된 인과성'이라는 표현 속에서 발견될 수 있다. 물론 이 현대사상의 특성은 난데없는 것은 아니고, 뒤늦게 배운다라는 아우구스티누스의 주제(더 거슬러 올라가면 배운다는 것은 기억해내는 것이다라는 플라톤의 상기설)의 연장선에 있다. 구체적으로 아우구스티누스에게서 사후성은 이미 곁에 있었지만, 뒤늦게 인식하게 되는 하느님에 관계된다. 성인은 『고백록』에서 이렇게 말한다. "늦게야 당신을 사랑했습니다! 이토록 오래되고 이토록 새로운 아름다움이시여, 늦게야 당신을 사랑했습니다!⋯⋯당신은 저와 함께 계셨건만 저는 당신과 함께 있지 않았습니다."[22] 프로이트의 경우엔 가령 트라우마론에서 과거는 잠복기에 들어가 있고 그 자체로는 정체성이 없는 것이지만, 미래에 어떤 사건과 조우하는지에 따라서 사후적으로 영향을 발휘한다.[23] 과거가 원인이 되고 그 원인에 따라

---

22 아우구스티누스, 성염 옮김, 『고백록』, 경세원, 2016, 383~384쪽.
23 프로이트의 트라우마론에 대해서는 서동욱, 『차이와 타자』, 94쪽 이하 참조.

미래에 결과가 출현하는 것이 아니라, 미래에 도래하는 것 때문에 과거가 잠복기에서 벗어나고 활성화되는 것이다. 과거는 뒤늦게, 사후적으로 의미 있는 것으로 출현한다. 인과가 거꾸로 돼 있는 것이다. 또 다른 늦게 배우기의 대가, 프루스트의 마들렌 체험처럼 말이다.(이에 대해선 뒤에 살펴볼 것이다) 하이데거는 미래로부터 과거와 현재의 의미가 결정된다고 함으로써 바로 이러한 사후성의 논리 아래 들어선다.

하이데거는 현존재가 도래적이게 됨으로써 획득하게 되는 과거(기재)를 '반복(Widerholung)'이라 일컫는다. 다시 깨닫게 되는 것, 다시 얻게 되는 것, 다시 잡는 것, 이것이 반복이다.

> 본래적인 존재해와-'있음'을 우리는 '반복'[다시 잡음]이라고 이름한다. 그런데 비본래적으로, 배려되고 있는 것을 현재화하면서, 그것에서부터 길어내어진 가능성들에로 자기 자신을 기획투사함이 가능한 것은 현존재가 그의 가장 고유한 '내던져진' 존재가능에서 자신을 '망각'했기 때문이다.(『존재와 시간』, 448쪽; 대괄호-옮긴이)

자신이 존재 속에 내던져진 존재자라는 것은 여러 이론(또는 잡담(Gerede))의 눈가림 속에서 망각된다. 가령 그런 이론은 원인으로서 한 존재자와 결과로서 또 다른 존재자로 구성된다. 그래서 현존재는 철학에서 '이야기를 꾸며대는 것'을 경고하는 『소피스테스』 편의 가르침을 무시한 채, 이야기(한 존재자의 원인을 다른 존재자로 소급해 가서 찾는 우화) 속에서 자신을 내던져진(geworfene) 자가 아닌 것으로 근거 짓는다.(같은 책, 20~21쪽 참조) 가령 창조자라는 존재자를 원인으로 삼아 출현한 결과로서의 피조물이라는 존재자로 자신을 표상한다.[24] 그러나 현존재는 존재함의 원인을 가지는 자가 아니라 내던져진 자이다. 존재자의 출현을 존재자들 사이의 원인과 결과 속에서 인식할 때, 존재자들 사이의 관계(가령 창조자와 피조물)에 대한 설명에 가려져 현존재의 존재함은 물을 만한 물음으로 인지되지 못하고 망각된다. 자신에 대한 이런 망각에 대항하여, 과거(존재해옴)를 본래적인 존재함 속에서 '다시 얻는 것', '다시 잡은 것'이 반복이다. "자기에게로 되돌아오면서, 자신을 전수하는 결단성은 이 경우 넘겨받은 실존가능성의 '반복(다시 잡음)'이 된다. '반복은 명확한 전수이다.'"(『존재와 시간』, 504쪽) 반복은 결단성의 소산이기도 하다. 즉 반복은 결단한 현존재가 자신을 본래적인 존재함의 양식 속으로 전수하는 것이다.

이러한 반복은 '불안'과 더불어서 이루어진다. 불안은 현존재를 도래적으로 만들고, 본래적 현재의 순간에 있도록 한다.

> 불안은 '가능한 반복가능한 것으로서'의 내던져져 있음 앞으로 도로 데려온다. 그리고 그런 식으로 불안은 도래적인 것으로서 반복함에서 내던져진 '거기에'로 돌아와야 하는 그러한 본래적인 존재가능의 가능성도 '함께' 드러내 보인다. '반복가능성 앞으로 데려옴이 불안의 처해 있음을 구성하는 기재의 특수한 탈자적 양태이다.'(같은 책, 454쪽)

---

24 이런 존재자들 사이의 원인과 결과의 '우화 짓기'가, 존재망각 속에서 사유하는 '공작(工作, Machenschaft)'(작위)의 본성을 이룬다. "공작적인 것이 지금 더 명확하게 전면을 향해 육박한다는 사실, 또한 유대교적 · 기독교적 창조 사상과 이에 상응하는 신의 표상이 내부적으로 작동함에 따라 **존재자(ens)가 피조물(ens creatum)이 된다는 사실**"(『기여』, 192쪽)

반복을 가능하도록 해주는 것이 바로 불안이다. 불안이 현존재를 반복가능성 앞으로 데려온다. 과거를 본래적인 존재함의 가능성이 생기도록 되풀이되도록 해주는 것이 불안이다. 반복과 현존재의 본래적인 존재함의 가능성을 표현하는 구절은 이렇게 말한다. "반복은 거기에 존재해온 현존재를 그의 존재해온 본래적인 가능성에서 이해한다." (같은 책, 514쪽)

현존재에게 존재함이란 가능성 가운데 자신을 선택하는 것이다. "현존재가 본질적으로 각기 그의 가능성으로 존재하기에, 이 존재자는 그의 존재에서 자기 자신을 '선택할' 수 있고 획득할 수 있다."(같은 책, 67쪽) 본래적 존재를 획득하는 것은 '선택'을 통해 가능하다. "현존재는 그 생기 안에서……상속된, 그럼에도 선택된 가능성 속에서 자신을 자신에게 전수한다."(같은 책, 502쪽) 과거를 본래적인 방식으로 반복하는 것은 그것을 하나의 가능성으로서 선택함을 통해 이루어진다. 즉 현존재가 도래적이게 됨으로써 과거는 한 가능성으로서 선택되어 자리 잡히고 반복된다. 물론 이 선택은 특정한 존재자를 선택하는 일과는 상관이 없고,[25] 존재함의 가능성을 선택하는 일이다. 과거는 현재의 현존재가 어떤 식으로 존재할 수 있는지의 바탕이 된다는 점에서, 과거를 반복하는 일은 존재함의 가능성을 선택하는 일이다.

들뢰즈와의 비교를 염두에 둔다면 이 선택이라는 주제는 매우 흥미롭다. 들뢰즈는 반복, 즉 영원회귀를 바로 '선택'으로 이해한다. "선택하는 것은 바로 영원회귀의 '사유'이다."[26] 그는 말한다. "영원회귀를 선별적 사유로 생각하고 영원회귀 안의 반복을 선별적 존재로 생각한다

---

25 이런 유의 선택에 대한 부정은 『철학에의 기여』 43, 46절 참조.
26 질 들뢰즈, 이경신 옮김, 『니체와 철학』, 민음사, 1998, 133쪽.

는 것은 지고한 시험이다."(『차이와 반복』, 622쪽) '선택으로서의 영원회귀'란 부정적인 것의 회귀조차 긍정하는 '당나귀의 예스'(그리스도의 경우)와 구별되며, 오로지 긍정적인 것만의 반복으로 특징지어진다. "영원회귀의 교훈은 부정의 회귀는 존재하지 않는다는 것이다. 영원회귀는 존재가 선택임을 의미한다."[27] 영원회귀는 나쁜 것의 반복조차 가능하게 하는 것이 아니라, 선택적인 것의 반복만을 긍정한다. 가령 "영원회귀를 원할 게으름, 영원회귀를 원할 어리석음, 저속함, 비굴함, 악의"[28] 등 부정적인 것은 선택되지 않는다는 것이다. 그런데 하이데거에게도 과거의 다시 잡음, 과거의 반복은 무분별한 되풀이가 아니라 '선택된 가능성'의 출현 문제이다.[29] 이러한 선택을 통한 반복을 모르는 자가 바로 '그들(세인, Man)'이다. 이 '그들'에 대해선 조금 뒤에 살펴보게 될 것이다.

그렇다면, 본래적으로 반복된 과거는 무엇을 가능하게 해주는가?

---

27 같은 책, 326쪽.

28 같은 책, 133쪽.

29 그러나 이러한 공통점이 들뢰즈와 하이데거가 니체에 대해 동일한 평가를 하고 있다는 것을 뜻하지는 않는다. 들뢰즈는 "영원회귀가 존재임"(질 들뢰즈, 『니체와 철학』, 337쪽)을 보인다. 들뢰즈에게 생성하는 것들의 영원회귀는 존재자가 아니며 하이데거가, 존재(피시스)를 은폐하는 방식이라고 고발한 현전성(Anwesenheit) 차원의 일반 개념내지 존재자성(Seiendheit)도 아니다. 반면 하이데거는 니체에서 생성하는 것들의 '존재'를 피시스가 아니라 플라톤 이래 형이상학의 연장선에서 존재자성(고착성과 지속성을 특징으로 하는)으로 이해한다. 그런 배경에서 하이데거는 니체와 다음과 같은 거리를 만들고 있는 것이다. "비록 니체가 존재자를 생성으로 경험하긴 하나, 이러한 해석과 더불어 그는 전승된 틀 내부에서 [우리에 대한] 적(敵)으로 남아 있다. 즉 존재자가 단지 다르게 해석될 뿐, 그러나 존재물음 그 자체는 결코 제기되지 않는다."(『기여』, 311쪽; 대괄호-옮긴이) "니체에게서 '존재자'(현실적인 것)는 생성으로 남아 있고, '존재'는 실로 [생성을] 고착화함과 '지속화함'으로 남아 있다."(『기여』, 265쪽; 대괄호-옮긴이)

바로 현존재가 역사성을 지닐 수 있게 만든다.

> 반복은 자신을 지나가 버린 것에 내맡기지도 않고 진보를 목표로 삼지도 않는다. 이 둘은 순간에 있어서는 본래적인 실존과 무관하다. 우리는 반복을 자신을 전수하는 결단성의 양태라고 특징짓는데, 현존재는 그것에 의해서 분명하게 운명으로 실존한다. 그러나 운명이 현존재의 근원적인 역사성을 구성하고 있다면, 이 경우 역사는 그 본질적인 무게를 지나가 버린 것에도 또 오늘날과 그것의 지나가 버린 것과의 '연관'에도 가지고 있지 않고, 현존재의 '도래'에서부터 발원하는 실존의 본래적인 생기에 가지고 있다. 역사는 현존재의 존재방식으로서 그 뿌리를 도래에 가지고 있어서, 죽음이 현존재의 앞에서 성격지은 가능성으로서 앞질러 달려가 보는 실존을 그 '현사실적인' 내던져져 있음에로 도로 던지며 그래서 비로소 '기재'에 역사적인 것에서의 그 독특한 우위를 부여한다. '죽음을 향한 본래적인 존재, 다시 말해서 시간성의 유한성은 현존재의 역사성의 숨겨진[은폐된] 근거이다.'(『존재와 시간』, 504~505쪽; 대괄호-옮긴이)

역사성과 관련해서 보다 간결하게 쓰고 있는 다음 구절 역시 읽어보자. "본래적인 역사성은 역사를 가능적인 것의 '되돌아옴'으로서 이해하고, 가능성이 되돌아오는 것은 오직 실존이 운명적-순간적으로 그 가능성에 대해서 결단한 반복에서 열려 있을 때만이라는 것을 안다." (같은 책, 511쪽) 현존재가 결단을 통한 반복에 의해서 과거의 가능성을 본래적으로 되잡을 때, 그 현존재는 역사적이 된다. "역사성은 존재 그 자체의 '하나의' 진리로……파악된다."(『기여』, 105쪽) 반복을 통해서 다시 상속받은 과거의 지평 안에 놓여 있을 때, 현존재는 본래적인 존재함의 자리에 있는 동시에 역사적으로 있는 것이다. 요컨대 현존재에게 역사성의 획득이란 본래적으로 존재해 온 자리에 놓이게 되는 것이다. 다음 구절은 그러한 역사성의 의미를 잘 드러내주고 있다.

> 있음은 어떻게 존재하는가? 라고 묻는 것-이것은, 우리들을 새로운 또 다른 재출발 속으로 변화시키기 위해서, 우리들의 역사적-정신적 현존재의 그 시작을 다시 한 번 반-복(反-復/Wieder-holen)하는 것[되-찾아오는 것]을 요구하는 것보다 더 적은 것을 의미하는 것이 아닌 것이다.……이것은 또한, 그것이 근본적 이루어짐이라는 것을 확립하는 것이기 때문에 역사라는 것의 척도를 규정해주는 형상이기도 한 것이다. 그러나 **하나의 시작은, 사람들이 이미 지나간, 잘 알려진 것을 그저 똑같은 방법으로 모방해서 단순하게 반복함으로써가 아니라, 출발이 '원천적으로 고유하게 (ursprünglicher)' 다시 시작됨으로써, 따라서 진정한 시작이 지니는 모든 난처함, 어둠, 불확실성과 함께 다시 한 번 출발함으로써 되살아날 수 있는 것이다.**[30]

본래적인 반복은 '진정한 시작'을 반복하는 것이다. 즉 고유한 존재함의 자리를 찾는 물음을 상속해서 '다시 물음을 시작하는 것이 반복'이다. 본래적인 반복은 실증성이나 인과성과 같은, 역사학자들이 대상을 표상하는 조작적인 방식에 따라 과거를 복원하는 일, 문헌학적 소양을 지닌 연구자가 과거의 사상이나 이론을 무비판적으로 복원하고 되풀이하는 일 등이 아니다. 이런 것은 죽어있는 골동품을 수집하는 일에 불과하며, 존재의 의미를 상실한, 즉 원천을 상실한 존재자들의 혼합물 속에서 길을 잃는 일이다.("과거의 것을 향한 모든 '되돌아가 붙잡음[호소]'은, 만약 그것이 극단적 결단들로부터 발원하지 않고

---

30 마르틴 하이데거, 『형이상학 입문』, 75쪽.(대괄호-옮긴이)

오히려 가능한 한 많은 혼합물을 통해 그러한 결단들을 피하는 것에만 기여한다면, 아무것도 길어내지 못하는 것으로[비창조적으로] 남아 있다."(『기여』, 93쪽; 대괄호–옮긴이)) 가령 철학사의 문제를 상속해서 '존재'의 의미에 대한 물음을 다시 반복하는 것(역사적인 것)은, 골동품으로서의 철학 이론이라는 존재자를 수집 정리하는 박물학자의 작업(역사학적인 것)과 다르다.

이렇게 골동품을 수집하면서, 존재함의 의미는 망각한 채 존재자들 사이의 관계를 합리성의 이름 아래 실증성, 인과성 등을 동원해 계산적으로 꾸미려는 자들이 바로 '그들'이다. "당장의 새것을 기대하면서 현존재는 또한 이미 옛것은 망각해 버렸다. '그들'은 선택을 회피한다. 가능성에 대해서는 눈이 멀어 있어서 '그들'은 기재해온 것을 반복할 수 없으며, 기재해온 세계–역사적인 것 중에서 남게 된 '현실적인' 것을, 즉 잔재물과 그에 대한 눈앞의 지식을 간직하고 보존할 뿐이다."(『존재와 시간』, 510~511쪽) 당장의 새것을 쫓기에 바쁜 그들의 행태는 『존재와 시간』 1부에서는 '호기심(Neugier)'으로 기술되었다. 새것을 쫓고 옛것은 망각하는 '그들'의 삶은 "억제를 모르는 '사업'", "휴식을 모르게 된다"(같은 책, 243쪽) 등의 말로 표현되기도 했는데, 여기서 우리는 존재 물음을 잊고 존재자들 사이의 관계를 생산의 극대화라는 관점에서 파악하는 '근대인'의 모습을 목격할 수도 있다. '그들'은 상속되어온 과거의 가능성을 결단을 통해 선택하길 피한다. 즉 '그들'은 반복을 피한다. 대신 존재의 의미를 모른 채 뿌리 없이 남겨진 잔재물과 눈앞의 지식을 간직하고 보존하는 데에 그친다.

4. 들뢰즈와 반복

현존재는 도래적이 됨으로써, 즉 죽을 수 있는 가능성으로 앞질러 가봄으로써 본래적으로 과거를 반복하고 현재를 얻게 된다. 이런 식으로 현존재는 본래적으로 시간적이 된다. 그리고 하이데거에서 가장 근본적인 문제, 즉 존재함의 의미에 대한 물음은 존재해 온 과거의 가능성을 반복하는 일을 통해 비로소 가능해진다. 요컨대 하이데거 철학에선 반복이, 근본 문제인 존재 물음을 참답게 다시 던질 수 있는 가능성을 열어주는 가장 중요한 것이다.

이제 존재론적 사색을 통해 제시된, 하이데거와는 또 다른 중요한 반복의 사상을 들뢰즈와 더불어 살펴보아야 한다. 들뢰즈는 반복 개념을 '시간의 세 가지 종합'과 관련해 집중적으로 사색하는데, 주로 『차이와 반복』의 두 번째 장을 이 주제에 할애하고 있다.

시간의 세 가지 종합이란 무엇인가? "첫 번째 종합은 습관의 종합이고, 이 종합은 시간의 진정한 정초이다. 하지만 우리는 정초와 근거를 구분해야 한다."(『차이와 반복』, 188쪽) 첫 번째 종합은 '살아있는 현재', 두 번째 종합은 '순수 과거'에 관한 논의, 그리고 세 번째 종합은 '영원회귀'를 내용으로 한다. 이 종합들 각각에 세 가지 핵심 개념이 대응한다. 즉 첫 번째 종합은 '정초(fondation)', 두 번째 종합은 '근거(fondement)', 그리고 세 번째 종합은 '바탕 없음(sans fond)', 즉 근거 없애기로 특징지워진다. 정리하자면, 첫 번째 종합은 시간의 현행적인(actuel) 흐름의 '정초'이며, 두 번째 종합은 이 흐름의 '근거'에 대한 논의이다. 그리고 두 번째로 논의된 이 근거가 근본적인 것이 아님을 드러내면서 출현하는 세 번째 종합, '근거 없음', 즉 영원회귀의 근본성에 대한 논의가 이루어진다.

첫 번째 종합에서 정초되는 시간은 '살아있는 현재'이다. 이와 관련된 몇 가지 핵심적인 문장을 읽어보자. "수축은 어떤 시간의 종합을 이뤄낸다."(같은 책, 170쪽) "살아 있는 현재가 구성된다."(같은 책, 171쪽) "이는 기억과 지성의 능동적 종합이 상상력의 수동적 종합과 중첩되고, 또 그 능동적 종합이 수동적 종합에 의존한다는 것을 의미한다."(같은 책, 173쪽) 살아있는 현재는 수동적 종합을 바탕으로 한 능동적 종합을 통해 이루어진다. 이러한 것들이 살아있는 현재를 만들어 내는 첫 번째 종합과 관련된 핵심적인 문장들이다. 이런 종합은 오랜 철학사적 전통 속에서 다양한 사상들을 거치며 논의되어 왔다. 우선 흄에 대한 논의를 배경으로 생각해 보자.

> 먼저 흄은 순수한 반복, 즉 대상 속에서 새로운 것을 전혀 생산하지 않는 유사한 경우들의 반복[예를 들어 매일 똑같이 반복되는 교회의 종소리]이 도대체 어떻게 그 반복을 관조하는 정신 속에 새로운 어떤 것을 생산할 수 있는지를 물으면서 인과율의 문제를 제기하였다. 물론 이때 거론되는 '새로운 어떤 것' 또는 천 번째의 기다림은 그 자체로 '차이'에 해당한다.[31]

여기서 '차이'라는 것은 무엇인가? 무엇인가 반복되면 그것을 관조하는 정신 속에서는 새로운 것이 형성된다. 인과율의 문제가 이와 관련되어 있다. A이면 B이다, 불이 붙으면 물이 끓는다 등등 이런 것이 계속 반복되면 정신 안에는 새로운 것, '일반성'에 해당하는 것, 즉 인과성이라는 관념이 생겨난다. "반복은 일반성이 구성되는 숨겨진 기저(基底)이다."(『차이와 반복』, 180쪽) 수축(수많은 AB, AB 사례의 수축), 흄의 용

---

[31] 질 들뢰즈, 박정태 옮김, 「베르그송에 있어서의 차이의 개념」, 『들뢰즈가 만든 철학사』, 이학사, 2007, 344~345쪽.(번역 수정; 대괄호-옮긴이)

어로 하면 상상력에 바탕을 둔 '습관'을 통해 일반성이 얻어진다. 그리고 이렇게 일반성이라 일컬어지는 것이 실은 '차이'이다. "습관은 반복에서 새로운 어떤 것, 곧 **차이(일단 일반성으로 설정된 차이)**를 '훔쳐낸다.' 습관의 본질은 수축에 있다."(같은 책, 177쪽) 그러니까 AB, AB, AB라는 무수한 사례들 안에는 없던 것, 그 사례들로 환원되지 않는 '차이나는 것', 곧 (인과성 등으로 예화할 수 있는) 일반성이 형성되는 것, 이것이 바로 차이의 생산이다. 과거와 미래의 모든 사례들의 수축을 통해 얻어진, 의식 상관적인 이 일반성은 '살아있는 현재'라 일컬어진다. 그것은 수동적으로 작동하는 반복을 바탕으로 상상력이 일반성을 형성하는 과정이다. "반복에서 새로운 어떤 것을 훔쳐내고 반복에서 차이를 훔쳐내는 것, 이는 상상의 역할이거나 다양하고 조각난 상태에서 응시하는 정신의 역할이다. 게다가 반복은 본질상 상상적이다."(같은 책, 181쪽) 그 후 지성은 저 상상력의 결과물을 언제든 능동적으로 추론에 사용할 수 있는 '일반적 개념'으로서 다룬다.[32]

---

32 들뢰즈는 이 과정을 흄의 철학의 핵심(인과율)을 요약하는 관점에서 이렇게 기술하기도 하기도 하는데, 흄 사상을 요약하는 탁월한 설명으로 평가할 수 있다. "흄에 따르면 이러한 인과 관계의 작용은 다음과 같이 설명된다. 먼저 관찰된 유사한 경우들(내가 매번 a가 b를 뒤따르거나 또는 동반하는 것을 보았던 모든 경우들)이 상상 속에서 자리를 잡고 세워진다. 물론 지성 속에서는 이 경우들이[그들의 유사함에도 불구하고 어제의 그 경우, 오늘의 저 경우, 오늘의 이 경우…하는 식으로] 서로 간에 명백히 구분되고 분리된 것들로 남는다. 그런데 상상 속에서 행해지는 이러한 융합의 속성은 (나는…을 예상한다와 같은) 습관을 구성하게 된다. 그러면 이러한 습관의 구성과 맞물려서 지성 속의 구분은 관찰된 경우들을 대상으로 계산을 실시하고 그 계산 결과에 맞추어서 [인과적인] 확신을 균형 잡아나간다.(확신의 정도에 대한 계산으로서의 개연성) 이처럼 상상 속에서 이루어지는 유사한 경우들의 융합으로서의 습관의 원리, 지성 속에서 이루어지는 명백히 구분된 경우들에 대한 관찰로서의 경험의 원리가 [인과] 관계를 생산해내기 위해, 또 이 [인과] 관계를 따라 추론(확신)을 생산해내기 위해 서로 조합되는 것이다. 그리고 이 같은 [인과] 관계와 추론을 따라서 마침내 인과성이 작용하게

그런데 들뢰즈가 직접적으로 다루고 있지는 않지만, 살아있는 현재와 관련된 이 첫 번째 종합은 보다 많은 철학사적 유산과 관련되어 있다. 가령 살아있는 현재를 정립하는 수동적 종합과 능동적 종합의 관계는 후설에게서 보다 의미심장하다. 당연히 앞서의 흄과는 전혀 다른 형태이지만 말이다. 후설에서 수동적 종합에 해당하는 것이 과거지향(retention)과 미래지향(anticipation)이라면, 능동적 종합에 해당하는 것은 재생(reproduction)과 예견(prévision)이다. 이런 종합의 대표적인 예는 음악에 대한 의식일 것이다. 각각의 음은 즉자적으로 있다. 그러나 우리는 음악이 흐를 때 모든 음을 고립된 개별적인 것(즉자적인 것)으로 인지하는 것이 아니라 상호 관련 속에서 대자적으로 인식한다. 다시 말해 하나의 음을 들을 때 이미 들었던 음을 떠올리면서(과거지향) 그 음을 인지하며, 또 앞으로 도래할 음(선율)을 기대하면서(미래지향) 그 음을 인지한다. 그리고 이렇게 이해된 음들의 연속을 반성적 차원에서 하나의 선율로 기억(재생)하는데, 이것이 능동적 종합의 차원이다. 선율의 패턴이 반성적으로 파악된다면, 앞으로의 선율의 전개 역시 능동적으로 예견된다. "먼저 즉자(卽自)의 층위가 있다.……그 다음 수동적 종합에 따르는 대자(對自)의 층위가 있다. 그리고 마지막으로 이 층위에 기초한 반성적 재현의 층위가 있다."(『차이와 반복』, 173쪽) 컴퓨터의 저장 기능에 비유해 보건대, 과거지향은 데이터의 자동저장(auto-save) 기능에 대응한다면, 기억(재생)은 저장된 데이터를 읽어내는 기능(load)에 대응한다.[33]

된다."(질 들뢰즈, 박정태 옮김, 「흄」, 『들뢰즈가 만든 철학사』, 이학사, 2007, 137쪽; 번역 수정; 대괄호-옮긴이)

33 R. Bernet, "Framing the past," *The Husserlian foundations of phenomenological psychology*, Pittsburgh: Duquesne Uiniversity, Simon Silverman Phenomenology center, 1993, 4쪽 참조.

위와 같이 미래를 예견하면서, 기억해낸 과거와의 연관성 속에서 현재를 지각했을 때 바로 '살아있는 현재'가 구성된다. "시간의 종합은 시간 안에서 현재를 구성한다. 이는 현재가 시간의 한 차원임을 의미하지 않는다. **오로지 현재만이 실존한다. 종합은 시간을 살아있는 현재로 구성하며, 과거와 미래를 이 현재의 차원들로 구성한다.**"(『차이와 반복』, 183~184쪽) 과거와 미래가 따로 있는 것이 아니라 종합하는 현재적인 의식 활동만이 있다. 이 의식의 상관자인 살아있는 현재에 대한 착상의 기원은 아우구스티누스에까지 거슬러 올라갈 것이다. 아우구스티누스는 『고백록』에서 "과거에 대한 현재는 기억(記憶)이고 현재에 대한 현재는 주시(注視)이며 미래에 대한 현재는 기대(期待)"[34]라고 말한다. 과거, 현재, 미래는 모두 현재적 의식 활동으로 환원되므로 시간에게는 살아있는 현재라는 이름이 걸맞다.

이제 시간의 두 번째 종합의 핵심, '순수과거'에 대해 이야기해보자. 순수과거는 무엇인가? 먼저 순수과거는 '오래된 현재(ancient présent)'와 다르다. 기억하는 활동과 관련해서 파악되는 과거가 '오래된 현재'이고, 이는 우리의 심리적 활동의 상관자로서 헌(낡은) 현재이다. 내가 지금 회상하는 어제는 현재, 즉 오늘이었다. 현재는 말 그대로 현재였으나 낡은 현재, 헌 현재가 되는 것이다. 이와 달리, 우리의 의식이 파악하는 바와 상관없는 과거가 있으며, 우리의 의식 활동에 대해 있지 않다는 점에서 그것은 '즉자적으로 있는 과거'이다. 사실 그것은 매우 유명하고 친숙한 철학적 사색물인데, 바로 플라톤의 이데아와 같은 것이 이 즉자적 과거에 속한다. 이데아는 '상기'의 대상이라는 점이 알려주

---

34 아우구스티누스, 『고백록』, 443쪽. 아우구스티누스 및 살아있는 현재 등 관련 주제에 관한 보다 자세한 논의는 서동욱, 「노스텔지어, 외국인의 정서」, 『일상의 모험』, 민음사, 2005, 327쪽 참조.

듯, 분명 '과거'이다. 이 과거는 현실에서의 심리적 활동의 상관자로서의 과거, 즉 낡은 현재와는 상관이 없다. 즉자적으로 있는 과거는 존재론적 차원에서 관건이 되는 과거이다. 한 번도 현재인 적이 없는, 그 자체로 있는 과거가 즉자적 과거이다. 요컨대 심리적 상관자인 살아있는 현재의 차원에서 시간은 '생성' 가운데 있고, 즉자적인 과거는 '존재'하는 것이다. "아주 엄격히 말하면, 심리학적인 것은 현재이다. 현재만이 '심리학적'이다; 그러나 과거는 순수한 존재론이며, 순수 회상은 오직 존재론적인 의의만을 갖는다."[35]

그렇다면 첫 번째 종합과 두 번째 종합의 관계는 무엇인가? "현재는 시간을 구성하지만, 이 구성된 시간 안에서 지나가 버린다. 이로부터 우리가 기피하지 말아야할 필연적 귀결이 따라 나온다. 즉 그 안에서 시간의 첫 번째 종합이 일어나는 어떤 또 다른 시간이 있어야 한다. 시간의 첫 번째 종합은 필연적으로 두 번째 종합을 전제한다."(『차이와 반복』, 188쪽) 이 문장이 알려주는 것처럼 시간의 첫 번째 종합의 배후에 두 번째 종합이 있어야만 한다. 다시 말해 정초(fondation)된 살아있는 현재는 근거(fondement)를 필요로 한다. 두 번째 종합이 없다면 첫 번째 종합 역시 있을 수 없다.

어떤 점에서 시간의 흐름 속에서 지나가는 현재는 즉자적 과거(순수과거)를 전제할 수밖에 없는가? 프루스트의 『잃어버린 시간을 찾아서』와 관련된 다음의 예를 통해 이해해 볼 수 있을 것이다. "어머니에 대한 주인공의 사랑에서 사랑의 계열의 근원을 찾는 것은 늘 당연스레 여겨져 왔다. 그러나 여기서도 우리는 콩브레에서 저녁 식사에 찾아와 아이로부터 어머니의 존재를 빼앗아 버리는 스완을 또 다시 만나게

---

35 질 들뢰즈, 김재인 옮김, 『베르그송주의』, 문학과지성사, 1996, 74쪽.

된다. 그리고 주인공의 슬픔, 어머니에게서 느끼는 고뇌(angoisse)는 이미 스완 자신이 오데트에게서 체험했던 고뇌이며 슬픔이다."(『기호들』, 113쪽)[36] 사랑의 실패는 반복된다.("우리가 지나간 사랑들을 반복한다는 것은 사실이다."(같은 책, 44쪽)) 사랑의 실패 이야기를 담은 프루스트의 소설에 대한 전형적인 해석은, 실패하는 사랑의 최초의 계열을 어린 시절 어머니가 저녁 키스를 거부한 사건에서 찾는다. 이것이 이후 모든 연인에게서 경험하는 사랑의 실패의 기원을 이루는 항(項)이라는 것이다. 이와 달리 실패하는 사랑의 계열의 '근거'에는 주인공이 선망하는 스완이 오데트에 대해 겪은 사랑의 실패가 자리 잡고 있다. 주인공이 그 사실을 인식하고 있건 않건 말이다. 주인공의 의식의 차원에서 어머니와의 관계에서 사랑의 실패가 있었고 후에 알베르틴에 대한 사랑의 실패가 있었다면, 이런 지나가는 현재들, 즉 표면적 의식의 차원에서 오래된 현재와 새로운 현재 사이의 반복을 법칙적으로 가능하게 해주는 요소는 무엇인가? 반복의 배후에서 바로 실패하는 사랑의 일반적 법칙으로 역할하는 오데트에 대한 스완의 사랑의 실패이다. 표면적 의식의 배후에 있는 법칙적 요소, 반복을 가능하게 해주는 요소가 즉자적 과거이다. 마치 순수 과거인 이데아로서의 법칙이 있고 나서야, 그 법칙의 지배를 공통적으로 받는 현상계의 두 항이 반복이라는 질서 속에 들어

---

36 프루스트로부터의 예들은 관점에 따라 두 번째 종합 또는 세 번째 종합의 예들로 제시될 수 있다. 위에 이야기한 오데트에 대한 스완의 사랑의 실패라는 예뿐 아니라, 유명한 마들렌 체험 역시 그렇다. "'잠깐 동안의 순수한 상태'라는 프루스트의 표현은 무엇보다 먼저 순수 과거, 과거의 즉자 존재, 다시 말해서 에로스에 의한 시간의 종합을 지칭한다.[두 번째 종합] 하지만 보다 심층적인 차원에서 그 표현은 시간의 순수하고 팅 빈 형식, 마지막의 종합을 지칭한다.[세 번째 종합]"(『차이와 반복』, 274쪽) 마들렌 체험에 대해서는 뒤에 세 번째 종합과 관련해보게 될 것이다.

서는 것과도 같다. "사라진 현재와 현행적 현재는 시간의 일직선 위에서 계속 이어지는 두 순간이 아니다. 오히려 현행적 현재는 필연적으로 또 하나의 차원[즉자적 과거]을 포함하고 있다. 그 새로운 차원을 통해 현행적 현재는 사라진 현재를 재-현하고 또 그 차원 안에서 스스로 자기 자신을 재현한다."(『차이와 반복』, 191쪽) 사라진 현재(오래된 현재)와 현행적 현재(지금 새로 출현한 현재)가 서로 반복적인 것이 되려면, 양자를 반복으로 묶어줄 수 있는 일반 법칙의 역할을 하는 것이 배후에 있어야 한다는 것이다. 그것이 바로 즉자적 과거이다.

> 기억의 재생 쪽에서 보면 일반성을 띠게 된 것은 오히려 과거(현재들의 매개로서의 과거)이고, 특수성을 띠게 된 것은 현재(사라진 현재와 현행적 현재)이다. 과거 일반이 그 안에서 각각의 사라진 현재를 겨냥할 수 있는 요소인 한에서, 그리고 사라진 현재가 과거 일반 안에 보존되고 있다면, 사라진 현재는 현행적 현재 안에 '재현전화[représentation]'되어 있다.(같은 책, 190쪽)

다시 예를 들어보자. 영국과 아일랜드 사이의 분쟁은 일반적인 것으로서 즉자적 과거에 속한다. 많은 영국인들과 아일랜드인들의 흘러가는 현재적 삶의 배후에, 이 흘러가는 삶과 공존하는 일반성으로 그 과거는 놓여있다. 현행적 삶 속에서 출현하는 영국과 아일랜드 사이의 분쟁들이 각기 무관한 사건들이 아니라 반복되는 사건들, 사라진 현재가 다시 지금 찾아온 현재에서 반복되는 사건들이 될 수 있는 이유는, 일반성을 지니는 과거가 법칙의 지위를 가지고서 개개 사건을 지배하는 까닭이다. 들뢰즈는 흘러가는 현재 상의 반복과 즉자적 과거의 반복을 다음과 같이 표현한다. "하나는 계속 이어지는 반복이고 다른 하나는 공존하는 반복이다. 전자는 현행적이고 후자는 잠재적이다. 전자는 수평적 반복이고 후자는 수직적 반복이다."(같은 책, 199쪽) 흘러가는 현재들의 차원에선 오래된 현재가 새로 찾아온 현재 속에서 수평적으로 반복된다. 동시에 이 현재들의 반복은 현재들 배후에 있는 즉자적 과거가 사례화되는 수직적 반복이다.

그런데 두 번째 종합의 시간, 즉 '근거'는 그 자체 불충분함을 지닌다. 이 근거라는 것은 앞서 이야기한 대로 플라톤의 이데아와 같은 지위를 지니는 것이다. "물론 이 시간은 어떤 즉자 존재에서, 다시 말해서 이데아의 순수 과거 안에서 자신의 근거를 찾아야 할 것이다. 이 이데아를 통해 현재들의 질서는 이상적인 것에 대한 유사성의 증감에 따라 원환적으로 조직된다."(같은 책, 207쪽) 그런데 이 근거, 즉자 존재로서의 과거의 불충분함은 어디에 있는가?

> 므네모시네[즉자적 과거]는 자신의 순수과거의 높이 안에서 재현의 세계를 넘어서고 지배한다. 즉 그것은 근거, 즉자 존재, 현상 배후의 본체, 이데아이다. 하지만 그것은 여전히 자신이 근거 짓는 재현에 묶여 있다. 므네모시네를 통해 재현의 원리들은 높이 고양된다. 동일성은 아득한 태고의 원형이 지닌 특성이 되고, 유사성은 현재의 이미지가 지닌 특성이 된다. 바로 같음과 닮음이 그것이다.……
> **근거의 불충분성은 바로 여기에 있다. 근거는 자신이 근거 짓는 것에 상대적이고, 자신이 근거 짓는 것에서 특성들을 빌려오며, 그 빌려온 특성들을 통해 자기 자신을 입증한다.**(같은 책, 207쪽)

여기서 제시하듯 즉자적 과거와 의식 상관적인 흘러가는 현재의 관계는 이데아와 그것을 모범으로 삼는 개별자의 관계와 같다. 즉자적 과거는 원형적 동일성을 이루고, 흘러가는 현재는 그것과 유사성을 가진다. 그런데 근거는 근거지어지는 개별자의 원리임에도, 결과로서의 개별자로부터 자신의 특성, 정체성을 얻어오기에 불충분함을 보인다는 것이다. 예를 들면 '개별자로서 사과의 이데아 또는 근거는 무엇인가?'라고 묻고, 오히려 개별자인 사과를 근거로 그와 닮은 성격을 지닌 것으로서 사과의 이데아를 사유한다는 것이다. 결과가 원인에 의존해야 함에도, 거꾸로 원인의 정체성이 결과로부터 얻어지고 있다.[37]

이런 비판의 결론은 무엇인가? 두 번째 종합은 그 자체로서가 아니라, 즉 원형적 근거의 지위 및 그에 기반한 현재들의 관계 자체로서 정당화되는 것이 아니라, 세 번째 종합의 효과(결과)로서 이해되어야 한다는 점이다. "시간의 두 번째 종합은 또한 재현의 상관항으로 머물러 있는 즉자 존재의 가상을 폭로하는 세 번째 종합을 향해 자신을 넘어선다. **과거의 즉자 존재와 상기 안의 반복은 일종의 '효과'일 것이다.**"(『차이와 반복』, 208쪽) 두 번째 종합의 즉자적 과거는 이데아처럼 기원의 자리에 있는 것이 아니고, 효과의 차원, 결과의 차원에 자리한다. 좀 더 풀어서 말하면, 즉자적 과거란 (플라톤이 하는 것 같은 철학적 반성의 차원에서만)

---

37 결과에 원인의 지위를 부여하고 원인에 결과의 지위를 부여하는 거꾸로 된 사유를 하고 있다는 것이다. 이는 들뢰즈가 『차이와 반복』의 여러 맥락에서 구사하는 전형적인 비판 방식이다. 가령 아리스토텔레스 이래 개별화의 원리가 질료로 제시된 것은, 개별적 사물 속에 결과로서 주어진 질료에서부터 개별화를 가능케 한 원인을 찾는 것이다. 그러나 "개체화 원리를 이미 구성된 개체들의 이러저러한 요소 안에서 찾[는]"(『차이와 반복』, 107쪽) 것은 원인과 결과의 항을 뒤바꿔서 생각하는 것이다. 칸트의 세 가지 종합 역시 마찬가지다. 그것은 원인으로서의 초월적 종합의 모습을 결과로서의 경험적 종합에서 가져오는 것이다. "칸트는 어떤 심리적 의식의 경험적 활동들을 모방해서, 초월적이라 일컬어지는 구조들을 베껴 그리고 있음이 분명하다. 포착이라는 초월적 종합은 어떤 경험적 포착에서 곧바로 유도되며, 기타 종합들도 그렇다."(같은 책, 302쪽) 이런 비판의 바탕에는, '참된 인식은 원인으로부터 결과들로 나간다'라는 스피노자적 사고(思考)가 자리 잡고 있다. 위에서 비판받는 예들은 결과물을 모사해 원인의 형태를 그리고 있다는 점에서 결과로부터 원인으로 나가며, 그럼으로써 원인에 대한 참된 인식을 주지 못한다.

동일성의 형식을 지닌 즉자 존재(가령 이데아)로 이해된다. 즉 이차적인 반성의 차원(결과)이 아닌 보다 근본적인 층위(원인)가 있는 것이다. 즉자적 과거는 플라톤적인 이데아와 같은 '고정된 동일성'으로 이해되어서는 안 된다.

그렇다면 즉자적 과거를 결과의 차원, 이차적 반성의 차원에 자리 잡게 하는 보다 심층적인 차원은 무엇인가? 이것이 시간의 세 번째 종합이며, 대표적으로 니체의 '영원회귀'에서 찾아볼 수 있다.

> 영원회귀는 오로지 계열상의 세 번째 시간에만 관련되고 또 그 시간에만 관련될 수 있다.……영원회귀는 그 자체만으로도 계열의 세 번째 시간이며, 그런 의미에서 본연의 미래이다.……영원회귀는 나의 고유한 일관성, 나의 고유한 동일성, 자아의 동일성, 세계의 동일성과 신의 동일성을 배제하면서 성립하는 비밀스런 일관성이다.(같은 책, 212~213쪽)

일단 우리는 세 번째 종합에 관한 이러한 설명에서 '이 종합은 동일성 개념을 와해시키는 것을 관건으로 한다'는 것을 알 수 있다. 이러한 종합은 앞서의 두 종합에 비추어 어떻게 설명될 수 있을까? "말하자면 우리는 너무 단순한 원환, 지나가는 현재를 **내용**으로 하고 상기의 과거를 **형태**로 하는 단순한 원환에 머물러 있는 셈이다. 그러나 바로 정확히 시간의 순서, 순수하고 텅 빈 형식으로서의 시간을 통해 그런 원환은 **와해**되어 버렸다."(같은 책, 213쪽) 여기서 말하듯 앞의 두 종합은 '내용'과 '형태(형식)'의 관계를 통해 표현될 수 있다. 의식 상관적인 현상 중에 지나가는 개개 현재들을 식별할 수 있게 해주는 것이 일반적 법칙의 지위를 지니는 즉자적 과거였으며, 이런 점에서 즉자적 과거는 흘러가는 현재들을 '규정하는 형식'이라 할 수 있다.

세 번째 종합은 다른 관점을 제시한다. 그것은 첫 두 종합의 관계, 즉 고정된 근거와 그에 의해 규정되는 흘러가는 현재들이라는 관계를 와해시킨다. 의식의 관점에서 '영원한 현재'를 구성할 수도 있고(첫 번째 종합), 플라톤적 반성의 관점에서 '즉자 존재로서의 과거'를 사유할 수도 있겠지만(두 번째 종합), 시간의 비밀 또는 반복의 비밀 자체와 온전히 일치하는 것은 세 번째 종합이다. 이 세 번째 종합에 대해 첫 두 종합은 시간에 대한 이차적 관점이며, 이런 의미에서 세 번째 종합의 효과(결과)의 자리에 놓인다.

그렇다면 영원회귀와 동일시되는 세 번째 종합은 어떤 것인가? 첫 번째 종합이 정초(fondation), 두 번째 종합이 근거(fondement)라고 일컬어졌다면, 세 번째 종합은 위에서 인용한 문장에 출현하는 "와해"라는 말에 걸맞게 '바탕 없음(sans fond)'에 도달한다. 정초와 근거의 밑바닥은 텅 비어 있는 것이다. 이 종합은 실체적 동일성을 전제하지 않는 "시간의 순수한 '순서'"(같은 책, 209쪽) 또는 "즉자적 비동등(l'inégal en soi)"(같은 책, 211쪽), "계속되는 불일치(dispars)"(같은 책, 625쪽)라는 말로 표현된다. 영원회귀에서는 즉자적인 동일성을 지닌 일반 원리로서의 과거가 없으므로 시간 속에는 정체성 없는 차이만이 출현한다. '즉자적 비동등'이란 이런 차이 자체를 표현하는 개념이다. 그 자신과도, 다른 무엇과도 동등하지(égal) 않은 것, 그 자신과도 다른 무엇과도 '계속 불일치'하는 것, 동등성을 검사하기 위한 전제가 되는 어떤 동일성(정체성)도 가지지 않는 것, 그것은 그야말로 순수한 '차이 자체'일 뿐이다. 세 번째 종합인 영원회귀의 시간은 이런 차이 자체의 반복이다. "영원회귀는……다른 것 그 자체의 재생산의 원리, **차이의 반복의 원리**"[38]이다.

---

38 질 들뢰즈, 『니체와 철학』, 97~98쪽.

차이와 반복의 사상- 들뢰즈와 하이데거

우리가 '영원회귀'란 표현을 동일자의 회귀로 이해할 때 항상 오해를 낳는다.……영원회귀 속의 동일성은 되돌아오는 것의 속성을 가리키는 것이 아니라, 그와 반대로 차이나는 것을 위해 되돌아오는 상태이다. 그래서 영원회귀는 하나의 종합으로……간주되어야만 한다.……우리는 영원회귀를 차별자와 그것의 재생산의 이유인 어떤 원리, **차이와 그것의 반복**의 이유인 어떤 원리의 표현으로서만 이해할 수 있다.[39]

영원회귀는 동일한 것과 유사한 것을 돌아오게 하는 것이 아니다. 다만 그 자체가 어떤 순수한 차이의 세계에서 비롯되고 있을 뿐이다.(『차이와 반복』, 281쪽)

이렇게 차이만이 반복되는 시간이 세 번째 종합의 시간이다. 여기에는 동일적인 것을 배후에 두지 않는 차이 자체만이 있을 뿐이다. 이로부터 나오는 결과는 무엇인가?

허상[simulacre]에는 모상[copie]의 개념과 원형[modèle]의 개념을 모두 부인하는 그 무엇이 있는 것이 아닐까? 모상들은 결국 자신들이 내면화하는 계열들의 탈유사성 안으로 빠져 들어가게 되고, 그때 원형은 차이 안에서 파멸하게 된다. 여기서는 결코 무엇이 모상이고 무엇이 원형인지 말할 수 없다.(같은 책, 287쪽)

이제 원형적 동일성에 의해 형태를 얻는 모상 같은 것, 즉 이데아를 분유 받는 개별자 같은 것은 없다. 동일성에 매개되지 않고 차이 개념을 통해서만 규정되는 것이 허상, 시뮬라크르라 불리는 것이며, 시간은 이 허상의 반복이다. 운동이란 원형(原型)이나 모범을 향해 수렴되

---

39 같은 책, 101~102쪽.

는 것이 아니라 허상의 반복으로 확산되는 것이다.

가령 프루스트의 마들렌 체험을 예로 이 세 번째 종합의 시간을 이해해 보자. 어느 날 저녁 의기소침한 채로 귀가한 프루스트의 주인공은 차 한 모금과 마들렌 과자를 조금 입에 넣는다. 그러자 한 번도 체험해 보지 못한 형태로 예전에 살던 고장 콩브레가 떠오른다. 예기치 못한 채 떠오른 이 콩브레, 즉 비자발적인 기억이 가져온 콩브레는, 자발적으로 원할 때마다 떠올리던 콩브레와는 질적으로 다른 것, **"질적인 차이"**(『기호들』, 72쪽)이다.

> ……콩브레는 완전히 새로운 형태로 다시 출현한다. 콩브레는 옛날 그 당시의 콩브레로서 출현하지 않는다. 콩브레는 과거로서 나타나기는 하지만 이 과거는 더 이상 옛날 그 당시의 현재에 대한 것이 아니다. 또 이 과거는 그것을 과거이게끔 하는 지금의 현재에 대한 것도 아니다. 그것은 더 이상 지각이나 자발적인 기억이 포착하는 콩브레가 아니다. 콩브레는 한 번도 체험될 수 없었던 그런 형태로 나타난다.……**내재적인 차이의 측면에서**, 그리고 본질의 측면에서 한 번도 체험해 보지 못한 그런 형태의 콩브레이다.(같은 책, 100쪽)

이 비자발적 기억을 통해 나타나는 콩브레는 과거에 체험했던 콩브레와 동일하거나 유사하지 않다. 여기에는 동일성과 유사성 개념이 끼어들 여지가 없다. "비자발적 기억에서 본질적인 것은 유사성이나 동일성이 아니다.……'여기서 본질적인 것이란 내적으로 되고 내재화한 차이이다.'"(같은 책, 99쪽) 자발적 기억이 떠올리는 낡은 과거로서의 콩브레와도 다르고(차이나고) 현재의 콩브레와도 다른(차이나는) 것, 즉 '차이'로서만 정체성을 지니는 차이 곧 '즉자적 차이'(앞서의 용어로 표현하면 '즉자적 비동등성(l'inégal en soi)', '불일치(dispars)')로서의 콩브레가 비자발적인 기억 속에 있다. "즉자적으로 존재하는 이 콩브레는 자신의 고유한

본질적인 차이에 의해 정의된다."(『차이와 반복』, 274쪽) 비자발적인 기억을 통해 이 질적인 차이(로서의 콩브레)가 작용하기 전까지, 주인공은 현재 시점에 입에 넣은 마들렌과 과거 콩브레에서 맛보았던 마들렌 체험을 연관성 속에서 발견하지 못했다. 즉 과거의 마들렌과 현재의 마들렌은 '반복' 속에 주어지지 않았다. 그 차이가 없었다면 현재의 마들렌 체험은 그냥 여타의 음식의 섭취와 같은 것으로 머물 뿐, 과거의 한 순간의 반복이 되지 못했을 것이다. 저 '차이'가 비로소 과거와 현재를 반복으로 만든다. 차이가 원인인 반복 말이다.(차이의 반복) 니체의 영원회귀, 즉 차이나는 것의 반복(계속되는 불일치)은 이렇게 프루스트의 마들렌 체험 속에서 가시화된다. 놀랍게도 마들렌 한입을 차 한 모금과 더불어 입에 머금는 『잃어버린 시간을 찾아서』의 주인공의 행위는 '영원회귀를 불러내는 성사(聖事)'였던 것이다.[40]

차이로 인한 이런 반복이 세 번째 종합의 시간, 가장 근본적인 시간이다. 이 시간에 대해 철학적 반성이 끼어든다면, 그 반성은 차이로서의 즉자적 과거를 원형적 동일성(이데아)으로 이해하고 과거(헌 현재)와 지금(현재)을 이 동일성과의 유사성 속에서 파악할 것이다.(두 번째 종합) 즉 플라톤적 개념인 동일성과 유사성은 근거의 자리에 놓여있는 개념이 아니라 영원회귀 또는 '차이의 반복'의 파생적인 개념이다. "동일성과 유사성은 여기서도 여전히 어떤 분화소[차이]의 결과물에 지나지 않는다."(『차이와 반복』, 274쪽) 또한 여기에 의식, 레비나스가 '기억되지 않는 과거'와 대립시켰던 현재화(Vergegenwärtigung)의 의식이 끼어든다면, 시간은 현재적 의식 활동(가령 아우구스티누스의 기억, 주시, 기대, 칸

---

40 '차이 자체'로서의 콩브레에 대한 보다 자세한 분석은 서동욱, 『들뢰즈의 철학』, 민음사, 2002, 48쪽 이하 참조.

트의 포착, 재생산, 재인식, 후설의 과거지향, 미래지향 등등)의 상관자가 될 것이다.(첫 번째 종합)

5. 행위의 조건으로서 반복, 죽음

이처럼 존재론에 몰두하는 현대 사상가 하이데거와 들뢰즈 사유의 핵심에는 반복 개념이 자리 잡고 있다. 그리고 생성과 운동을 반복 개념을 통해 이해하려는 두 사람의 사유의 바탕에는 운동을 해명하는 방식으로 오래도록 존중되어왔던 부정적 매개에 대한 불신이 자리 잡고 있다.

우리는 이미 이 책의 서론에서부터 양자에게서 공통적으로 반(反)데카르트주의, 반헤겔주의를 확인했다. 반데카르트주의, 즉 자기의식의 근본성에 대한 회의와 반헤겔주의, 즉 부정성에 대한 반발 외에도 양자는 어떤 공통적인 사유의 지평을 가지는가? 바로 '반플라톤주의'가 양자의 사유의 근본에 공통적으로 자리 잡는 요소이다. 앞서 세 번째 종합과 관련해 살펴본 원형 없는 허상, 시뮬라크르의 개념은 들뢰즈의 반플라톤주의를 표현하는 대표적인 개념으로 널리 알려져 있다. 들뢰즈 철학의 경우처럼 전면적인 광고 문구로 반플라톤주의가 내세워지지 않아 다소 생소할 수도 있으나, 하이데거 철학 역시 뿌리 깊은 반플라톤주의를 가지고 있다. 『철학에의 기여』(1930년대 집필)에서 하이데거는 몇십 년 후에 출현하는 『차이와 반복』(1968)의 들뢰즈처럼 반플라톤주의자로서 말한다. "플라톤주의의 본질에 관한 보다 근원적 앎을 통해 플라톤주의의 극복에 착수하는 것이 불가피한 과제가 된다." (『기여』, 317쪽) '피시스(근원 존재)'가 플라톤의 보편적인 존재자, 이데아에 의해 은폐되었기에 피시스 또는 존재함의 회복을 위해서 "플라톤주의의 극복은 가장 넓은 폭의 외연을 지닌 역사적 결단"(『기여』, 319쪽)이 된다는 것이다. 피시스는 플라톤을 통해 이데아로 해석되면서, 피시스로 접근하는 길은 가로막히게 되었다. 당연히 하이데거에게서 존재에 관한 사유는 "공통적인 것으로서의 그것의 이데아"(『기여』, 107쪽)로부터 출발하지 않는다. 공통적인 것, 이데아란 존재함에 대한 접근을 방해하는 일반적인 존재자 또는 '존재자성'에 불과하기 때문이다. 사유란 "공통적인 것 자체로부터 비롯되지 않고 오히려 '다수'로부터"(『기여』, 108쪽) 비롯되며 또 그래야 한다. 왜냐하면 가장 근본적인 '존재'에 접근하는 사유는 일반성을 위한 어떤 (조작적인 또는 임의적인) 매개도 없이 '존재하는' 다수를 통해서만 가능한 까닭이다. 다수는 그 무엇에 의해서도 규정됨 없이(즉 규정이라는 매개 없이) 그저 존재할 뿐이다. 즉 다수는 오로지 '직접적으로는' 존재에만 노출되어 있다. 그러므로 존재자성(Seiendheit)이 아니라 존재(Seyn) 자체가 존재자의 본질(Wesen)로 나타나며, 즉 현성(Wesung)하며, 이때 존재는 보편자(das Allgemeine), 공통적인 것(κοινόν)이 아니다.[41] 그것은 **각 존재자에게 가장 유일한 유일성에서의 존재**(das Seyn in seiner einzigsten Einzigkeit)이다.(『기여』, 123쪽 참조) 이렇게 보자면 하이데거에게서 존재는 전체화하지 않고, 개별화한다고 할 수

---

[41] "오래전부터 통례적인 통상적인 규정에 따르면 '사유'는 어떤 것을 공통적인 것으로서의 그것의 이데아(Ιδέα) 안에서 표상하는 행위(앞에-세우는 행위(Vorstellen)), 즉 어떤 것을 보편자(das Allgemeine) 안에서 표-상하는 행위이다. 이러한 사유는 일단은 눈-앞의 것, 즉 이미 현존하는 것(das Anwesende)에 관련된다.(존재자에 관한 특정한 해석) 그러나 그러고 나서 이러한 사유는 '이미 해석된 것'에게 단지 '그것에게 가장 보편적인 것'만을 제공한다.……'보편자를 포착함은 애매하다. 특히 그러한 까닭은, 사유된 것을 공통적인 것(κοινόν)으로 특징지음은 근원적으로 이 공통적인 것(κοινόν) 자체로부터 비롯되지 않고 오히려 **'다수'로부터**……**비롯**되기 때문이다."(『기여』, 107~108쪽)

있을 것이다.

(잠깐 덧붙이자면, 이와 반대되는 얼굴 역시 하이데거에게서 숨길 수는 없다. 현존재가 '결단'을 통해 도달하는 운명은 위에서 비판한 보편 개념 같은 것은 아니다. 그러나 그 운명은 개별자에 고립된 것이 아니라, 더불어 있는 타자들 전체의 운명, "공동체, 민족의 생기"(『존재와 시간』, 503쪽)라고 하이데거는 말한다.[42] 이런 하이데거의 전체주의적 면모에 대해 우리는 이 책의 서론에서 비판적으로 다룬 바 있다.)

들뢰즈가 사유하고자 하는 것도 이런 다수 또는 '다수를 통해 직접 드러나는 존재'이다. 존재는 존재자들을 공통집합으로 만드는 데 관여하는 유적 동일성, 유사성, 유비, 대립 등 매개로 역할하는 표상을 배제한 채 차이를 지닌 다수에게 '직접' 평등하게 '분배'된다. 이것이 들뢰즈 존재론의 결론적 표현, "모든 다양체들에 대해 단 하나의 똑같은 목소리가 있다. 모든 물방울들에 대해 단 하나의 똑같은 바다가 있고, 모든 존재자들에 대한 존재의 단일한 아우성이 있다"(『차이와 반복』, 633쪽)는 말의 의미이다. 그리고 이 다수를 어떤 개념적 매개(동일성, 유사성, 유비, 대립 등)도 없이 생각하는 방식이 앞서 본대로 '차이', '즉자적 비동등'이었다. 존재자의 다수성을 가능케 하는 차이는 매개가 아니라 존재가 직접 드러나는 방식인 것이다. 앞서 보았듯 하이데거에게서도 존재가 드러나는(그리고 사유되는) 방식은 차이, '존재론적 차이'이다.

이런 들뢰즈의 사상은 하이데거의 '반복'과 무슨 상관이 있을까? 하이데거의 반복과 들뢰즈의 반복은 한 지점을 향해 수렴하는가? 이 물음에 답해야만 우리는 반복이 두 철학자 각각에 고립된 목소리가 아

---

[42] 보다 자세한 논의는 서동욱, 『타자철학』, 반비, 2022, 160쪽 이하 참조.

니라, 존재 자체에게서 들려오는 유일한 목소리라는 것을 확정할 수 있을 것이다.

들뢰즈는 반복 개념과 관련해 자신이 하이데거와 가질 수밖에 없는 긴밀한 관계를 알고 있었다. 앞서 우리가 하이데거와 관련해 다루었던 '물음(문제)의 반복(존재물음의 반복)' 논제를 들뢰즈는 자신의 반복 개념과 관련해 다루고 있다. 이 문제를 다루기 위해 들뢰즈는 『차이와 반복』(『차이와 반복』, 435쪽 이하)에서 하이데거의 『칸트와 형이상학의 문제』의 다음 구절을 읽고 있다.

> 근본 문제의 회복[반복, Wiederholung]을 우리는 그 문제에 이제껏 감추어졌던 근원적인 가능성들을 개시하는 작업으로 이해한다. 이 작업의 완성을 통해 **근본 문제는 변모하며, 이제 비로소 그 문제내용에 맞게 보존**된다. 하나의 문제를 보존한다는 것은 그 문제를 그것의 본질적 근거에서 가능케 하는 그러한 내적인 힘들 안에서 그 문제를 자유롭고도 깨어있게 견지함을 의미한다. 가능적인 것의 회복[반복]이란, 실로 **'관행적인' 것을 움켜잡는다는 뜻이 아니다.** 관행적인 것에 대해선 그것을 구성요소로 하여 '어떤 것이 만들어진다'라는 '근거지어진 전망이 존립한다.' 이러한 의미에서 가능적인 것은, 그때마다의 일상적인 분주한 생활에서 누구나 손에 넣는 너무도 현실적인 것에 늘상 불과하다. 이러한 의미의 가능적인 것은 실로 진정한 회복[반복] 및 또한 이와 함께 하여튼 역사와의 관계를 가로막는다.[43]

이 구절은 본래적인 차원에서 기재(과거)의 선택된 가능성의 반복은 곧 물음의 반복이라는 점을 말하고 있다. 본래적으로 반복하는 것

43 마르틴 하이데거, 이선일 옮김, 『칸트와 형이상학의 문제』, 한길사, 2001, 283쪽.

은 시작을 반복하는 것, 즉 물음의 시작을 다시 해보는 것이다. 이때 근본 문제는 원형적 동일성을 가진 듯 보존되는 것이 아니라, 새로운 시작에 맞게 변모하며, 이런 변모는 그 문제가 반복을 통해 보존되는 길이다. 이는 관행적으로 반복하는 일, 즉 본래적인 문제(존재 물음)와 관계없이, 과거의 존재자(과거의 물음)를 골동품을 수집하듯 다시 내놓는 일이 아니다.

하이데거의 저 구절을 읽어가며 들뢰즈는 물음 또는 문제의 반복을 가능케 해주는 것을 "이념의 잠재력"(『차이와 반복』, 436쪽)이라 하는데, 들뢰즈에게서 이념이란 곧 차이이다.("차이의 독특한 이념"(같은 책, 82쪽) 내지 "차이의 이념"(같은 책, 83쪽) 등 『차이와 반복』에 수시로 등장하는 표현이 알려주는 것처럼 말이다.)**44** 즉 차이가 물음 또는 문제의 반복을 가능하게 해준다. 어떤 점에서 그런가? 문제를 상속받는 행위가 반복 속에서 출현한다는 것을 보여주는 구절을 읽어보자.

> 어떤 반복적 사실들이 역사 안에 있다기보다는 오히려 반복이 새로운 무언가가 실제적으로 산출되기 위한 역사적 조건이다. 루터와 바울 사이의 유사성, 1789년의 혁명[프랑스대혁명]과 로마 공화정 사이의 유사성 등은 **역사가의 반성을 통해 드러나는 것이 아니다.……'반복은 반성의 개념이기 이전에 행위의 조건이다.'**(『차이와 반복』, 211~212쪽)

이 구절은 역사 속에서의 반복에 대해 말한다. 투퀴디데스 이래 역사는 드물지 않게 반복의 문제 관심을 가졌다. 다음은 『펠레폰네소스

---

44 '차이'가 '이념'으로서 가지는 지위에 대해선 서동욱, 『들뢰즈의 철학』, 31쪽 이하 참조.

전쟁사』의 한 구절이다. "과거사에 관해 그리고 인간의 본성에 따라 언젠가는 비슷한 형태로 반복될 미래사에 관해 명확한 진실을 알고 싶어 하는 사람은 내 역사 기술을 유용하게 여길 것이며, 나는 그것으로 만족한다.[45] 반복에 대한 숙고는 역사의 비밀에 접근하는 일이기도 하다.

반복은 반성 속에서 드러나는 것이 아니다. 반성적 사변 속에서 반복으로 인식가능한 정체성(동일성)을 지닌 두 항(가령 역사학자의 눈앞에 제시된 바울과 루터)이 출현하는 일은 결코 반복이 아니다. 그러므로 반복은 '비관계'인 두 항 사이에서 일어난다. 그리고 '비관계'는 '차이'의 또 다른 이름이다.(차이를 일컫는 '비관계(non-rapport)'는 들뢰즈에게서 상당히 폭넓게 쓰이는 개념이다. 가령 스피노자에서 속성들 사이의 차이 역시 비관계로서 성립한다.[46] 우리가 다루는 맥락에서 설명하자면, 차이를 가리키는 '즉자적 비동등'은 대자적 관계 속에서 차이를 만들어 내는 것이 아니라, 즉자적으로 성립하는 차이, 즉 비관계이다.) 그런데 두 항 사이의 비관계 (차이)가 행위의 차원에서 반복이 일어나기 위한 조건이 되는 것이다. 반성 속에서 인지되지 않으므로 정체성을 지니지 않는다고 말해야 하는 한 항이, 다른 한 항으로 반복된다. 반성적 차원에서 정체성을 가지는 두 항을 비교하는 일이 아니므로 이 반복은 이론적 파악의 대상이 아니라 실천적 행위 속에서 일어난다. 가령 프로이트의 『인간 모세와 일신교』에서, 유아 살해로부터 살아남았으며 민족의 구원자로 인식되었던 모세는, 역시 유아 살해로부터 살아남고 구원자를 자처했던 예수의 행위가 출현하기 위한 조건이 된다. 모세는 반성적 차원에서 예

45 투퀴디데스, 천병희 옮김, 『펠로폰네소스 전쟁사』, 숲, 2011, 45쪽.
46 이에 대한 자세한 논의는 서동욱, 『차이와 타자』, 229쪽 주 24 및 『들뢰즈의 철학』, 172쪽 참조.

수와 더불어 유사한 두 항으로서 반복 관계를 이루는 것이 아니라, 실천적 차원에서 예수가 반복적으로 출현하기 위한 유대 민족의 '무의식적' 조건이 된다. 이 조건 속에서 사도 바울은 예수를 구세주로 인지하고 새 종교를 세운다. **"그리스도는 부활한 모세**일 터이고, 모세의 배후에서 원시 시대 무리의 원초적인 아버지가 아들의 모습을 빌어 아버지 자리로 나타난 존재일 터"[47]이다. 같은 맥락에서 우리는 이 장의 글머리에서 로브그리예와 한트케의 반복에 관한 성찰에 대해 이렇게 말했던 것이다. '실은 반복하고 있으면서도, 인생의 새로운 이야기를 써나가는 줄 알고 있다면 반복은 오히려 새 행위를 시작하는 조건이 되는 것이 아닐까?' 반복은 반성 중에 있는 것이 아니기에 바로 그렇다고 대답할 수 있다. 반복은 반성 가운데 있는 것이 아니므로 반복되는 항들은 반성의 눈길 위에서 비교될 수 있는 정체성을 지닌 항들로 출현하는 것이 아니라, 비관계의 이질적 항들로 나타난다. 다시 말해 반복은 서로 관계없는 항들로 '위장(déguisement)'하고서 나타나거나, 비관계 항들의 '자리바꿈(전치, déplacement)'을 통해서 나타난다.(『차이와 반복』, 239쪽 참조)

매우 흥미롭게도 하이데거의 경우 역시 마찬가지다. 하이데거에게서 반복은 물음을 반복하는 것이고, 이는 정체성이 확립된 어떤 철학 이론을 골동품을 수집하듯이 그대로 보존하는 일이 아니다. 앞서 보았듯 반복이란 존재해온 과거의 선택된 가능성을 전수받는 것이다. 다르게 표현하면 근본 물음을 고유하게 다시 시작하는 일이다.[48] 따라서

---

47 지그문트 프로이트, 이윤기 옮김, 『종교의 기원』, 프로이트전집, 16권, 열린책들, 1997, 125쪽.
48 마르틴 하이데거, 『형이상학 입문』, 75쪽 참조.

반복되는 것 속에서는 과거의 사상들이나 이론들, 모든 종류의 과거의 표상들이, 유사성 등 표상을 질서지우는 이론적·사변적 개념을 통해 존재자로서 식별되지 않는다. 그렇다면 반복은 곧 물음을 다시 시작하는 행위의 조건 외에 다른 무엇이 될 수 있겠는가? 반성이라는 추상적 활동 속에서 과거의 존재자들을 고착된 형태로 다시 식별하는 일이 아니라 말이다. 역설적이게도 반복은 물음을 '처음인 듯' 시작하는 조건이 되어준다. 이런 맥락에서 우리는 반복에 관한 하이데거의 다음과 같은 중요한 구절을 읽어야 한다.

> 단지 일회적인 것만이 반-복 가능하다. 단지 그것만이 다시 자신에게로 되돌아가 자신의 시원성을 떠맡게 된다는 필연성의 근거를 자신 안에 갖고 있다. 여기에서 반-복이란 똑같은 것이 두 번 세 번 단순히 출현한다는 어리석은 천박함과 불가능성을 의미하지 않는다. 왜냐하면 시원은 결코 똑같은 것으로 포착될 수 없기 때문이다. 그 까닭은 시원은 앞서 도달하며 또한 이로써 자신을 통해 시작된 것을 그때마다 다르게 덮쳐 붙잡고 또한 이에 적합하게 자신의 반-복을 규정하기 때문이다.(『기어』, 96~97쪽)

일회적인 것만이 반복가능하다. 반복되었을 때 그것은 다른 형태로 근본 물음을 되풀이하고 있을 것이기에 그렇다. 마치 들뢰즈의 반복이 '위장'과 '자리바꿈'의 모습 속에서만 진행되듯이 말이다. 이런 논의로부터 필연적으로 도출되는 바는, 모든 반복되는 것들은 일회적인 순간들로 나타난다는 것이다. 전부 새로 다시 시작하는 질문으로 위장되어 있는 까닭이다. 그러니 마치 반성 속에서 동일한 표상을 식별해내듯 똑같은 것이 두 번 세 번 출현하는 일은 반복에서 일어나지 않는다. 시원은 늘 다른 가면을 쓴 채 반복 속에서 나타날 뿐이기에 어떤 의미에서 모든 것은 새롭다. 그렇다면 시원 자체라는 것이 있는가? 하이데거와 얼마간 거리를 두게 될지언정, 반복의 논리에 충실하게 결론지어야 할 것이다. 시원은 표상(하나의 존재자) 아래 은폐되며 정체성(동일성)을 확인할 수 있는 것은 이 표상 밖에는 없다. 따라서 시원 자체를 포착하는 일은 헛된 것이다. 끝 모를 과거와 끝 모를 미래로 펼쳐진, 즉 기원도 종말도 없는 반복이 있고 이 반복이 위장과 자리바꿈을 위해 쓰고 버리는 가면들이 있다. 가면의 뒤에 있는 것은 그저 또 다른 가면이다.

허락된다면, 이러한 결론 뒤에 반복에 관한 마지막 생각을 잠시 이야기하고 싶다. 일종의 짧은 부록처럼, '하이데거와 들뢰즈에서의 죽음의 문제'를 여기서 잠시 살펴보지 않을 수 없겠다. 시간의 세 번째 종합과 관련해서 우리는 들뢰즈가 하이데거와 공유하는 주요 논점 한 가지를 놓칠 수 없는데, 양자 모두 죽음을 존재의 부정으로서가 아니라 존재의 긍정으로 내세우고 있다는 점이다. 앞서 살펴보았듯 하이데거가 죽음과 관련해 강조하는 바는 "죽음은 '존재'를 최고로 또한 극단적으로 증언한다는 사실"(『기여』, 407쪽)이다. 죽음은 존재의 부정으로서 무(無)에 지나지 않는 것이 아니다.("'죽음에로의 선구'는 평범한 의미에서의 무를 향한 의지가 아니다."(『기여』, 464쪽)) 죽음을 통해서 비로소 현존재는 본래적 존재함이라는 긍정적 발판을 얻게 된다.

죽음이라는 존재가능을 향해 도래적으로 앞질러 달려가 봄을 강조한 하이데거처럼 들뢰즈 역시 "항상 도래하고 있는 죽음"(『차이와 반복』, 255쪽)에 관심을 쏟는다. 이는 에피쿠로스(루크레티우스)와 스피노자의 제자로서 들뢰즈에게 이상한 일인가? 에피쿠로스는 말하지 않는가? "가장 두려운 악인 죽음은 우리에게 아무것도 아니다. 왜냐하면 우리가 존재하는 한 죽음은 우리와 함께 있지 않으며, 죽음이 오면 이미 우리는 존재하지 않기 때문이다."[49] 또한 우리는 『에티카』(4부, 명제 67)에서도 이런 문장을 찾을 수 있다. "자유인은 결코 죽음에 대해 생각하지 않으며, 그의 지혜는 죽음이 아니라 삶에 대한 성찰이다."[50] 들뢰즈는 삶과 대립하는 자, 삶을 부정하는 자로서 죽음에 관심을 가지는 것이 아니다. 삶의 힘을 약화시키는 부정적 정서의 유발자로서 죽음에 관심을 쏟지도 않는다. 그는 하이데거처럼 존재함 자체의 긍정성을 열어주는 죽음, 존재에 귀속된 것으로서의 죽음에 대해 생각한다.

들뢰즈는 정신분석학적 개념들을 비판적으로 재구성하면서 세 가지 시간의 종합에 대해 다시 논의하는데, 세 번째 종합은 프로이트가 『쾌락원칙을 넘어서』에서 다루는 '죽음충동'과 관련을 맺는다. 이 "죽음은 생명체 안에 현전"(『차이와 반복』, 254쪽)하는 것이다. "죽음은 모든 물질을 전적으로 포기한 어떤 순수한 형식—시간의 텅 빈 형식—에 상응한다."(같은 책, 254쪽) 생명 이전에 무기물이 있었다면, 무기물 안에 난입하여 유기체를 만든 생명은 일종의 '긴장'이다. 모든 생명체는 이 긴장에서 벗어나 근원적인 무기물의 상태로 돌아가고자 하는 충동을 지닌다.[51] 이런 생물학적 가설과의 유비 속에서 프로이트는 의식과 무의식의 관계를 이해한다. 의식은 무의식 안으로 침투하는 자극으로 인한 긴장을 낮추고자 하는 반복적인 충동(죽음충동)이 사용하는 기관이라

---

49 에피쿠로스, 오유석 옮김, 「메노이케우스에게 보내는 편지」, 『쾌락』, 문학과지성사, 1998, 43~44쪽.

50 베네딕트 데 스피노자, 강영계 옮김, 『에티카』, 서광사, 1990, 267쪽.

51 "'모든 생명체의 목적은 죽음이다.'……삶의 특성들이 그 성격을 잘 알 수 없는 어떤 힘의 작용에 의해서 과거 어느 땐가 무생물 속에 나타나게 되었다. 그것은 아마도 형태상 생물의 특수층에서 의식의 발달을 유도했던 것과 비슷한 과정이 있었을지도 모른다. 그때까지 무생물체였던 것 속에 생겨난 긴장은 긴장 그 자체를 없애 버리려고 노력했다."(지그문트 프로이트, 『쾌락원칙을 넘어서』, 53~54쪽.)

는 것이다. 즉 의식은 무의식적으로 들어선 자극을, 자극적이지 않은 표상(납득하고 받아들일 만한 표상)으로 바꾸는 기능을 한다. 죽음충동은, 자극이 해소되도록 끊임없이 자극을 받아들일만한 표상을 고안하기 위해 자극의 자리로 반복해서 돌아와 이런 궁리 저런 궁리를 한다. 예컨대 고통의 자리로 계속 되돌아오는 악몽, 실수를 합리화해보려고 끊임없이 그 실수를 혼자 반추하는 우리의 습성은, 고통(자극)을 경감시켜 우리 자신에게 납득할만한 것으로, 즉 받아들일만한 것으로 만들기 위한 죽음충동의 노력이다. 의식적 표상이 무의식의 자극이라는 어두운 잉크 자국을 완화시키기 위해 압지(壓紙)처럼 '반복'해서 그 자극을 빨아들이고 있다면, 의식은 무의식이라는 연약한 살을 자극으로부터 보호하기 위한 갑각류의 딱딱한 표피와도 같은 지위를 가진다고 할 수 있다. 들뢰즈는 자극이 주는 긴장을 반복을 통해 해소하려는 이런 죽음을 영원회귀와 동일한 반복의 시간 형식으로 이해한다. 그러므로 그것은 한 자아의 죽음이 아니라, 자아의 '존재함의 형식으로서 죽음'이다. 자아의 바탕에 놓인 익명적 형식으로서의 시간을 가능케 하는 죽음이다. "'나의 죽음(je meurs)'보다 훨씬 더 심층적인 '아무개의[익명적] 죽음(on meurt)'이 상존"(『차이와 반복』, 256쪽)한다. 이런 죽음으로 이루어진 존재함의 지평 위에 존재자는 놓여 있다.

물론 이때 우리는 하이데거와의 차이 역시 들뢰즈에게서 목격하는데 하이데거의 현존재와 달리 이 존재자는 '자기성(Selbstheit)'을 가지지 않는다는 점이다. 하이데거의 현존재는 자신에게 넘겨지는 방식으로 본래적으로 존재한다.(『기여』, 457쪽 참조) "현-존재는 자신을 위해 실존한다."(『기여』, 432쪽) 현존재의 이런 '자기성'은 이미 『존재와 시간』에서 '유일한 자기(solus ipse)'나 '실존론적 유아론' 등의 이름 아래 사유되고 있었다.(『존재와 시간』, 257쪽 참조) 들뢰즈에게는 영원회귀의 바퀴가 돌아가며 차이 속에서 분산된 채 출현하는 개체들, 즉 자기성이라는 스스로와의 관계를 지니지 않는 개체들만이 있다. "모든 개체화 요인은 이미 차이고 또 차이의 차이다."(『차이와 반복』, 545쪽) 앞서 본 죽음의 관점에서도 이에 대해 말해야 한다. 죽음충동은 오로지 긴장을 낮추기 위해서 이런 저런 표상들을 반복해서 찾아다닐 뿐이며, 의식상에 출현하는 자아라는 표상도 (그 자체 자기성을 통해 통일되어 있는 것이 아니라) 이 목적을 위해 그때그때 쓰고 버리는 표상들에 속한다. 즉 죽음은 "자아를 분열에 빠뜨리는 개체화 요인"(같은 책, 548쪽)인 것이다. 인과율이 있다면 '죽음충동'과 '그가 선택했다 버리는 자아들' 사이에 있지, '나'라는 명칭이 통일하는 '자아의 표상들 사이'에 있지 않다.

결국 반복이 있기에, 새로운 개체와 새로운 물음이 있다. 꽃나무는 해를 반복하지만, 겨울의 모욕을 견디고 올 해 활짝 젊음을 구가하는 새 꽃 한 송이는, 자신이 작년에 동일한 겨울과 싸워 피어났던 꽃이라는 것을 알지 못한다. 전생에서 이생으로 건너온 것 같지 않은가? 오직 새로운 시작이 있다.

보론:
가다머에서 놀이로서의 예술과 반복
 ─하이데거와 들뢰즈의 반복 개념과 비교

4장

보론:
가다머에서
놀이로서의
예술과 반복
-하이데거와 들뢰즈의
반복 개념과 비교

1. 반복의 사상

만물은 시간 속에 자리하며, 따라서 만물의 질서를 탐색하는 철학
은 시간의 흐름 속에서 만물이 생성하고 소멸하는 원리에 몰두할 수밖
에 없다. 과거 헤겔의 변증법은 이런 시간적 흐름의 원리를 해명하는
하나의 주도적인 사상이었고, 반헤겔주의를 표방하는 현대철학의 핵심
에는 이상주의적이고 또 추상적인 변증법적 전개를 대체하는 생성의
질서를 찾고자 하는 성찰이 자리 잡고 있다. 그것은 변증법이라는 이성
의 법칙에 단절을 만들어 내는 메시아적 사건을 타자의 도래에서 찾는
레비나스와 데리다의 철학으로 예화되기도 한다. 또 그 성찰은, 우리가
앞서 살펴보았듯 하이데거와 들뢰즈에게서는 변증법을 대체하는 '반복'
이라는 생성의 질서를 찾으려는 노력으로 나타나기도 한다.

그런데 하이데거와 들뢰즈의 반복 사상을 염두에 두었을 때, 반복의 문제와 관련하여 간과할 수 없는 또 한 사람의 중요한 현대 철학자가 가다머이다. 그는 후설, 딜타이, 그리고 누구보다도 하이데거의 영향 아래 대표작 『진리와 방법』(1960)[52]을 썼다. 이 책의 서론에서 가다머는 말하고 있다. "수십 년 전 하이데거로부터 받은 자극이 나의 [철학적 사유의] 토대가 되고 있다."[53] 또한 가다머의 『진리와 방법』이 출간된 8년 후 들뢰즈의 『차이와 반복』이 등장한다. 가다머의 주저와 동시대에 위치하는 이 저작은 철학적 경향에서부터 가다머의 그것과 전혀 다른 사유의 길을 가고 있다고 해도 과언이 아닐 것이다. 물론 가다머에 대한 직접적 참조도 없다. '전통'을 강조하는 철학자와 '탈영토화'의 길을 모색하는 또는 클리셰로부터 벗어나고자 하는 철학자가 함께 자리하기는 어려울지 모른다. 그러나 양자를 연결하는 통로가 있는데, 인물에서는 하이데거, 개념에서는 바로 '반복'이다. 가다머는 하이데거의 반복 개념을 예술의 영역에서 구체화하고 있는데, 이러한 가다머의 반복 개념은 들뢰즈의 반복 개념과 공명한다. 따라서 하이데거와 들뢰즈의 반복 개념과 더불어 가다머의 반복 개념을 다룰 때 현대 사상의 한 중요 국면을 이루는 것으로서 반복의 정체가 보다 명확히 모습을 나타낼 것이다.

---

52 한스 게오르크 가다머, 이길우 외 옮김, 『진리와 방법』, 1권, 문학동네, 2012.(개정판) 임홍배 옮김, 『진리와 방법』, 2권, 문학동네, 2012.

53 한스 게오르크 가다머, 『진리와 방법』, 1권, 14쪽.(대괄호—옮긴이)

2. 미적 의식에 대한 비판

하이데거는 그의 예술론을 집약하고 있는 「예술작품의 근원」에서, 예술 작품과 관련하여 '놀이공간(Spielraum)'에 대해 이렇게 말한다.

> "존재자의 비은폐성의 본질이 어떤 방식으로든 존재 자체에 속한다면(『존재와 시간』, 44절 참조), 이 존재 자체는 자신의 본질로부터 열려 있음의 놀이공간을 일어나게 하고, 이 놀이공간을 그 안에서 각각의 존재자가 저마다의 방식으로 피어오르게[출현하게] 되는 그런 곳으로서 가져온다.(einbringen, 내어준다)"[1]

하이데거에게서 예술작품은 존재자를 그의 본래성과 더불어 출현하도록 해준다. 예컨대 어떤 그림 속의 색깔은, 따뜻한 분위기를 만들기 위해 벽지의 색이 선택될 때와 같은 실용적 목적에 종속되지 않은 채 그 자체로 출현한다. 조각상 속에서 돌은, 건물의 단열재와 같은 실용적 목적에 맞추어서가 아니라 그 자체로 출현한다. 이처럼 예술작품 속에서 사물은 특정한 기능, 용도성에 종속되지 않은 채 그 자체로 나타난다. 그러므로 예술작품 속에서는 존재자의 참된 있음, 즉 진리가 구현되는 것이다. 그리고 이런 사물의 출현은 목적(가령 용도성과 같은 목적) 없는 활동 속에서의 출현이며, 목적 없는 활동은 '놀이'라고 일컫는 것이 합당하다. 이런 뜻에서 예술은 목적을 위한 수단이나 노동이 아닌, 놀이공간이다.

---

1 마르틴 하이데거, 신상희 옮김, 「예술작품의 근원」, 『숲길』, 나남, 2008, 86~87쪽.(대괄호-옮긴이)

하이데거의 존재론에서 놀이는 핵심적인 개념 가운데 하나로 간주될 수 있지만, 놀이로서의 예술에 대한 그의 성찰은 위와 같은 몇몇 문장을 여러 저작에서 산발적으로 뿌려두는 데 그친다. 그 부족함을 보완해서 사유할 수 있는 길을 찾을 수 있을 텐데, 우리는 놀이로서의 예술이 가지는 더 많은 풍부한 함의를 가다머에게서 끌어낼 수 있을 것이다.(물론 뒤에서 확인하게 되겠지만, 놀이로서의 예술에 대한 성찰은 근대로 가면 실러로, 현대로 가면 랑시에르까지로 확장되며, 그것이 지니는 의미 역시 하이데거나 가다머가 생각한바 이상으로 풍부해진다.) 하이데거에게서도 그렇지만 가다머에게서도 예술은 인식론적인 것이 아니라, 존재론적인 것이다. 주체는 미적 의식을 가지고 그 의식에 포착된 '대상'을 보듯 예술작품을 접하는 것이 아니다. 즉 주체와 그가 파악하는 대상 사이의 관계라는 인식론적 구도는 예술작품의 본질을 놓쳐버린다. 놀이로서의 예술은 그 놀이에 참여한 자의 존재함 자체를 '변모'시킨다는 점에서, 예술작품은 존재론적 차원에서 논의되어야 한다.

가다머는 『진리와 방법』에서 말한다. "놀이는 결코 놀이에서 작용하는 주관성의 자유가 아니라, 예술작품 자체의 **존재 방식**을 의미한다."[2] 놀이로서의 예술작품은 주체의 자발성 또는 자유와는 무관하다. 주체의 자유란 미적 체험을 하는 의식, 미적인 생산물을 독자적인 법칙에 의해 생산하는 천재 등을 가리킨다. '체험하는 주체'의 관점에서 예술에 접근하는 주관주의적 방식에 대한 비판은 하이데거에게서 기원한다. 하이데거는 「예술작품의 근원」에서 말한다. "모두가 다 체험이다. 하지만 어쩌면 이러한 체험이 예술을 죽이는 근본 요소일 수도 있다. 이러한 죽음의 과정은 수세기를 필요로 할 정도로 서서히 진행되어 왔

---

2   한스 게오르크 가다머, 『진리와 방법』, 1권, 151쪽.

다."[3] 이러한 주관주의는 천재라는 주관의 개념으로도 나타나는데, 이 역시 하이데거에게서 다음과 같이 비판된다. "현대의 주관주의는 이렇게 길어내는 창조적 행위(das Schöpferische)를 자주적 주체의 천재적 수행능력이라는 의미로 오해하고 있다."[4] 예술작품은 창작하는 자의 능력, 즉 주관이 숨기고 있는 비밀스러운 능력인 천재의 차원에서 접근될 수 없는 것이다. 예술에서 주관주의에 대한 가다머의 비판은 이러한 하이데거의 성찰의 연장선에 놓여있다.

이러한 주관주의에 대한 비판적 거리를 염두에 두고서, 아름다움을 향유하는 주관적 의식을 통해서는 결코 예술작품의 정체성을 설명할 수 없다는 점을 이해해 보자. 미적인 것을 주관의 인식 능력 차원에서 정초하고자 한 칸트의 경우에서부터 그런 난점을 목격할 수 있다. 가다머는 『진리와 방법』에서 칸트의 학설을 다음과 같이 설명한다.

> 예술의 아름다움에 대해서도 인식 능력의 유희 속에 깃들인 자유의 감정을 위한 합목적성의 원리 외에는 다른 어떠한 판단 원리도 없으며, 개념과 인식의 어떠한 척도도 없다. 자연 '혹은' 예술의 아름다움은 **전적으로 주관성 속에 깃들인** 동일한 경험 독립적 원리의 지배를 받는다. 감성적 판단력의 자기 자율성(Heautonomie)은 아름다운 대상의 자율적인 타당성의 영역을 결코 정초하지 않는다.[5]

미적 판단에서의 '자기자율성'이란 전적으로 주관적인 것이지 객체, 즉 작품에 의거하는 것은 아니다. 아름다운 대상의 자율적인 영역을

---

3   마르틴 하이데거, 「예술작품의 근원」, 116~117쪽.
4   같은 책, 111쪽.
5   한스 게오르크 가다머, 『진리와 방법』, 1권, 91쪽.

정초하는 일과는 상관이 없는 것이다. 칸트는 「판단력비판 제1서론」에서 이 자기자율성에 대해 다음과 같이 말한다.

> 이 자율성은 (자연의 이론적 법칙들에 관한 지성의 자율성이나, 자유의 실천적 법칙들에서의 이성의 자율성과 같이 그렇게) 객관적으로, 다시 말해 사물들이나 가능한 행위들의 개념들에 의해 타당한 것이 아니라, **한낱 주관적으로만**, 감정으로부터 나온 판단에 대해서만, 타당한 것이다. [그러하되] 이러한 판단도 보편타당성을 요구 주장할 수 있는 한에서 자기의 기원이 선험적 원리들에 기초하고 있음을 증명한다. 이러한 법칙수립을 사람들은 본래 '자기자율성'이라고 불러야만 할 것이다.[6]

여기서 칸트는 미적 판단의 자기자율이란 객관성과는 상관없고 순전히 주관적이라는 것을 명확히 하고 있다. 자기자율적인 미적 판단이 객관적인 것이 아니라면, 미적인 것의 영역에서 하나의 객체인 예술작품이 존립할 자리는 사라지는 것이다. 근대적인 미적 체험의 주체가 등장할 때 예술작품 자체의 정체성이 사라지게 되는 이런 국면을 우리는 가다머가 주요하게 다루는 루카치와 관련해서도 이야기할 수 있을 것이다.

> 그[루카치]는 미학의 영역이 헤라클레이토스적 구조를 지니고 있다고 말한다. 여기서 그가 말하고자 하는 것은 미적 대상의 통일성이 결코 사실적 소여가 아니라는 것이다. 예술작품은 단지 빈 형식, 즉 다수의 가능한 미적 체험들의 단순한 합류점일 뿐이다.(미적 대상은 이 미적 체험들 속에서만 존재한다.) 우리가 알다시피 절대적 불

---

6   임마누엘 칸트, 백종현 옮김, 『판단력비판』, 아카넷, 2009, 615쪽.(대괄호−옮긴이)

연속성, 즉 미적 대상의 통일성이 다양한 체험으로 해체되는 것은 체험 미학의 필연적인 결과이다. 루카치의 견해를 따르면서 오스카르 베커(Oskar Becker)는 바로 다음과 같이 언급한다. '시간적으로 보면 작품은 단지 순간(즉 지금)에 존재할 뿐이다. 그것은 '지금' 이 작품으로 존재하며, 앞으로 더 이상 이 작품으로 존재하지 않는다!' 이 말은 정말 일관된 논리를 지니고 있다. 미학을 체험에 정초시킬 경우 미학은 절대적 순간성으로 인도된다. 이 순간성은 예술작품의 통일성을 해체시킬 뿐 아니라, 예술가의 정체성 및 이해자나 향유자의 정체성도 파괴한다.[7]

이 구절은 주관의 미적 체험이 헤라클레이토스의 '판타레이(Πάντα ῥεῖ)'와도 같다는 것을 말하고 있다. 체험은 판타레이, 만물유전(萬物流轉)에서처럼 순간적으로 나타났다가 사라지는 것이기에, 예술 작품의 정체성을 미적 체험을 하는 주관 쪽에서 정초할 수는 없다. 판타레이와 마찬가지로 미적 체험은 순간성 속에서 성립하는 것이다. 다시 말해 미적 체험을 하는 순간에만 미적 대상은 나타나며, 이는 순간적인 미적 체험과 별도로 존재하는 통일성을 지니는 작품에 대한 부정을 뜻한다. 작품은 오로지 주관이 체험하는 순간에만 있고, 그 순간이 사라지면 작품도 사라져버리는 것이다.

이때 예술작품은 절대적 순간성 안에 자리 잡고, 이 순간성은 예술 작품의 정체성을 해체할 뿐 아니라, 미적 체험을 하는 주관의 정체성도 파괴한다. 미적 체험을 하는 순간에만 미적 대상이 주어진다면, 순간을 넘어서는 미적 의식 자체의 정체성이나 작품의 정체성은 모두 사라지는 것이다. 결국 지금 우리는 주체와 대상의 동일성의 파괴로 귀

---

7   한스 게오르크 가다머, 『진리와 방법』, 1권, 140~141쪽.

결되는 흄의 회의주의의 미학적 버전을 보고 있다고 해도 좋겠다. 따라서 예술에 대한 다음과 같은 접근 방식이 제안된다. "아름다운 것과 예술을 대할 경우 직접성을 요구하는 대신 인간의 역사적 현실에 상응하는 입장을 취하는 것이 중요하다. 직접성 및 순간성을 띤 천재성, 또는 '체험'의 중요성을 근거로 삼는 것은 연속성과 자기이해의 통일성에 대한 인간 실존의 요구 앞에서 힘을 잃는다."[8] 예술과 관련해서는 역사적 시간성, 그리고 인간 실존이라는 존재론적 영역이 미적 체험을 하는 주관보다 근본적이라는 것이다. 역사적 시간성이란 '과거로부터 예술의 전수받음'을 뜻한다. 이 역사성, 즉 과거로부터 전수받음은 예술적 체험과 관련하여 왜 중요한가? 그리고 과거, 즉 역사로부터의 예술 작품의 상속을 구체적으로 어떻게 이해해야 할까?

3. 예술작품은 놀이, 에르곤, 형성체, 변화(반복)이다

예술이 주관이 지닌 미적 의식 상관적이기보다 존재론적 사안이라는 것은 가다머가 쓰고 있는 다음 문장에서 단적으로 잘 드러난다.

> 우리는 예술을 경험할 때 작품에서 진정한 경험을 만나게 된다. 이 경험은 경험하는 사람을 변화시키지 않고는 못 배긴다. 그래서 우리는 이런 식으로 경험하는 것의 **존재양식**이 무엇인가를 묻는다. 그럼으로써 우리는 여기서 만나는 진리가 어떤 종류의 진리인가를

---

8   같은 책, 1권, 142~143쪽.

보다 잘 이해할 수 있기를 기대한다.[9]

가다머는 또 이렇게 말한다. "예술작품은 오히려 그것을 경험하는 사람을 변화시키는 경험이 된다는 데서 그 고유한 **존재**를 갖게 된다."[10] 예술작품 속에서 진리가 출현할 때 예술작품과 마주한 자의 존재함에 있어서 변화가 일어난다.(인식 주관인 의식의 변화가 아니다.) 이 구절은 그것을 "이 경험은 경험하는 사람을 변화시키지 않고는 못 배긴다"라고 표현하고 있다. 예술작품에서 만나는 진리란 현재 현실화하는 그 작품의 참다운 의미이다. 이 점은 골동품에 해당하는, 즉 현재 현실화할 수 있는 의미가 없는 작품의 경우를 떠올려 보면 더욱 명확히 알 수 있다. 존재함에 있어서 변화, 즉 본래적인 존재함에 가닿는 변화는 가다머 이전에 하이데거에게서 이미 핵심적이었다. 하이데거는 『존재와 시간』에서 말한다. "'본래적인' 실존이라는 것도 빠져있는 일상성 위를 떠다니는 어떤 것이 결코 아니고, 오히려 실존론적으로 단지 이 일상성의 변양된 장악일 따름이다."(『존재와 시간』, 245쪽) 비본래적인 일상성으로부터 이런 본래적인 실존으로의 '변양(Modifikation)'[11]에 상응하는 것이 가다머에게서는 예술작품과의 조우에서 일어난다. 그것은 예술작품의 참다운 의미의 현실화와 더불어 일어나는 일이다.

그런데 예술작품은 어떻게 현재에 현실화하며, 그 작품과 마주한 이는 어떻게 이 현실화한 작품의 진정한 의미에 참여하는가? 이를 '놀이로서의 예술' 개념과 더불어 해명할 수 있을 것이다. 놀이로서의 예

---

9   같은 책, 1권, 147쪽.
10 같은 책, 1권, 152쪽.
11 하이데거의 이 개념에 대한 자세한 해명은 서동욱, 『타자철학』, 138~139쪽 참조.

술은 미적 의식을 지닌 감상자와 같은 주체를 용인하지 않는다. 왜냐하면 예술작품을 대상으로 바라보는 감상자가 아니라, 놀이로서의 예술 자체가 주체이기 때문이다. "놀이의 원래 주체는 놀이하는 사람이 아니라 놀이 자체이다."[12] 이 말을 다음과 같이 풀어서 써볼 수도 있겠다. "놀이에 참여하는 사람의 태도는 주관성의 태도로 이해되어서는 안 된다. 놀이라는 것은 유희하는 사람을 끌어들이고 그리하여 놀이 자체가 놀이운동의 본래적인 주체가 되는 것이기 때문이다."[13] 주체는 놀이이고, 놀이하는 사람은 놀이가 표현되도록 해주는 요소 또는 놀이가 현실화하는 지점이다. "놀이의 주체는 놀이하는 사람이 아니고, 놀이는 놀이하는 사람을 통해서 단지 표현될 뿐이다."[14] 한 마디로 놀이가 놀이의 참여자를 그 놀이 속에서 현실적으로 존재하도록 해준다. 이미 하이데거에게서 보았듯 놀이는 존재론적 사건인 것이다. 예를 들어 우리에게 익숙한 윷놀이 같은 놀이에 대해 생각해보자. 명절의 일부분을 이루는 이 놀이는 놀이를 존중하여 거기 흡수된 자를 통해 비로소 참된 놀이로서 현실적이 된다. 아울러 이 놀이와 더불어 (우리가 이제 보게 될 '축제'로서의) 명절이 참된 존재함 안으로 들어선다고 말해야 할 것이다. 윷놀이는 주체가 표상하는 방식, 주체의 연구물, 예컨대 그 놀이 방법이 백과사전에 기록된 형태 또는 과거의 민속놀이를 연구하는 연구자의 논문이 기록한 형태 등을 통해서는 참된 의미를 구현하며 존재할 수 없다. 그런 기록은 골동품을 수집하는 것과 같은, 이미 의미와 생명을 잃은 기록에 불과하기 때문이다.

135

---

12 한스 게오르크 가다머, 『진리와 방법』, 1권, 158쪽.
13 같은 책, 2권, 447쪽.
14 같은 책, 1권, 153쪽.

이런 정황이 알려주는 바는 '현재' 현실적으로 '기능'하는 한에서 비로소 놀이의 본래적인 존재함이, 놀이의 참됨(진리)이 구현된다는 것이다. 이를 설명하기 위해 가다머는 아리스토텔레스의 개념을 염두에 두고 다음과 같이 말한다. "놀이는 단지 현실태(現實態, energeia)의 성격뿐 아니라, 작품의 성격, 즉 '에르곤(ergon, ἔργον)'의 성격도 지닌다."[15] 그리스어 에르곤(ἔργον)은 예술 작품(Werk)을 뜻하며, 또한 '기능'을 의미한다. 이는 당연한데, 일(기능, Werk)을 수행함으로써만 작품은 현실적인 것으로 존재하는 까닭이다. 아리스토텔레스의 현실태(energeia, ἐνέργεια)란 다름 아니라, 에르곤(ergon)이 안에(en) 들어섬, 즉 '기능함'을 가리킨다. 예를 들어 '나는 공부 잘하는 학생이다'라고 나의 현실태를 규정한다면, 무엇에 의해서 그 규정은 이루어질 수 있는가? 당연히 공부를 잘 하겠다는 결심이나 아직 실현되지 않은 약속, 또는 공부를 잘할 것 같은 징후들 같은 것을 통해서는 이루어지지 않는다. 그것은 오로지 공부 잘하는 '기능'이 현실적으로 실현됐을 때 이루어진다. 또 다른 예를 들어 보자. 사과나무는 언제 현실태가 되는가? 사과 씨 속에 사과나무의 형상이 가만히 잠재해 있다면 그것을 사과나무라고 부를 수는 없다. 그 형상이 '기능'할 때 비로소 그것은 현실태이다. 즉 사과나무로서 잎사귀도 피우고 열매도 맺는 등 현실적으로 기능할 때 사과나무는 현실태 속에 있는 것이다. 요컨대 기능한다는 것이야말로 현실적이 된다는 것이다.

놀이 역시 그것이 기능(에르곤)하고 있을 때 비로소 본래적으로 존재한다. 그렇게 현실적으로 기능하고 있는 놀이로서의 예술작품을 가다머는 형성체(Gebilde)라 일컫는다. 그야말로 하나의 구체적인, 가

---

15 같은 책, 1권, 163쪽.

시적인 그림(Bild)으로서 현실화한 것 말이다. "인간의 놀이가 예술이라는 진정한 완성을 이루게 되는 이 전환을 나는 형성체(形性體, Gebilde)로의 '변화'라 부르고자 한다.······형성체란 확실히 그 속에서 놀이가 행해지는 하나의 완결된 세계이다."[16] 예술작품은 어떤 의미에서 이런 놀이일까?

놀이로서의 예술의 의미는 '변화(Verwandlung)' 개념과 더불어 이해되어야 한다. 변화의 의미는 '변경(Veränderung)'과 구별해 볼 때 명확히 드러난다. "변경이란 말을 할 때 우리가 늘 생각하는 것은 오히려, 변경되는 것은 동시에 동일한 것으로 계속 존속하며, 고정되어 유지된다는 것이다.······범주적으로 말하면, 모든 변경(Alloiōsis)은 성질의 영역, 즉 실체의 우연적 계기(Akzidens)의 영역에 속한다."[17] 변경이란, 실체적인 것이 '유지'되는 동안 그 실체의 성질에서 일어나는 일이다. 즉 여기서 근본적인 것은 불변하는 실체이다. 반면 '변화'에는 계속 유지되는 이런 불변의 존재자가 없다.

> 그에 반해, 변화란 어떤 것이 한꺼번에 전체적으로 다른 것이 되어서, **변화된 바로 이것이 참된 존재임에 반해 그 이전의 존재는 아무것도 아님을 의미한다.** 만일 우리가 어떤 사람이 변화된 것처럼 생각한다면, 이 변화가 의미하는 것은, **그가 말하자면** 다른 사람이 되었다는 것이다. 여기서는 어떤 것에서 다른 것으로 이행하는 점진적 변경의 과정이란 있을 수 없다. 왜냐하면 하나는 다른 것의 부정이기 때문이다. 이와 같이 **형성체로의 변화란 이전에 있던 것이 더 이상 없다는 것을 뜻한다.** 또한 형성체로의 변화란 지금 존재하는 것, 예술의 놀이에서 표현되는 것이 지속적으로 참된 것이라는 뜻이기

---

16 같은 책, 1권, 163~165쪽.

17 같은 책, 1권, 164쪽.

도 하다.[18]

작품은 오로지 "지금 존재하는 것"이다. '고전'이라는 이름 아래 과 거로부터 상속된 예술작품 역시 늘 현재적인 의미를 지니며, 이 현재적 인 의미가 작품의 진리이다. 과거에 귀속하는 '변치 않는' 작품의 진리 또는 작품을 만든 저자의 의도에 귀속되는 작품의 의미 같은 것은 없 다. 그렇기에 이렇게 말할 수 있다. "전통의 모든 의미는 [현재 시점에 서] 이해하는 주체와의 관련 속에서 구현되는 것이지 원래 저자의 의 도를 재구성하는 것은 아니라는 것이다."[19] 같은 맥락에서 고전 작품에 대해서 이렇게 말할 수 있다. "……고전적인 것은……이미 소멸해 버린 다른 대상에 대한 진술이 아니라, 후대의 모든 시대를 향해 생생한 **현 재형으로** 직접 뭔가를 말하는 그런 것이다. '고전적'이라 일컬어지는 것 은 후대의 입장에서 굳이 역사적 거리를 극복할 필요조차 없다.……과 거의 작품 역시 우리가 사는 시대에 함께 속해 있다."[20] 고전은 그것이 출현했던 과거 시점에 지녔던 의미를 그대로 복원해야 하는 골동품이 아니다. 그것은 현재적이며, 오로지 현재에 지속하는 의미 외에는 없 다. 왜냐하면 고전은 '변화'를 겪었고, 그것은 고전의 어떤 고정된 실체 성이 유지된다는 뜻이 아니라, 현재에만 유효한 새 작품이 되었다는 것 이기 때문이다. 이런 맥락에서 우리는 다음과 같은 문장 또한 이해할 수 있다. "전통의 전유는 매 경우마다 상이한 역사성을 띤다."[21] 즉 전 통은 서로 다른 현재 시점마다 상이한 모습으로 이해되고 존속한다는

18 같은 곳.
19 같은 책, 2권, 425쪽.
20 같은 책, 2권, 170쪽.
21 같은 책, 2권, 424쪽.

것이다.

과거로부터 전수받는 고전적인 예술작품은 오로지 현재적인 의미
만을 가지며, 그것이 실체적인 정체성을 유지하는 '변경'과는 다른 '변
화'의 의미이다. 그런 맥락에서 위 인용의 다음 문장도 이해될 수 있을
것이다. **"형성체로의 변화란 이전에 있던 것이 더 이상 없다는 것을 뜻한다."**[22]
예술작품은 변화 속에서 오로지 현재적 의미만을 지닌다. 그것은 현재
기능(ergon)하는 현실태인 것이다. **"작품들이 기능을 하는 한 어떠한 현
재와도 동시적이다."**[23] 예술작품이 과거의 것임에도, 변화를 통해 현재에
귀속할 뿐이라는 것은 회복하고 복원해야 할 고정된 '기원적 과거' 같은
것이 없다는 의미이다. 현대 철학이 즐겨 '기원의 신화'라는 말로 일컫
는 기원적 과거의 부재는 가다머에게서도 이렇게 중요한 주제인 것이
다. 그리고 바로 우리가 살펴본 이런 '변화'는 '반복'으로 특징지어진다.

4. 반복으로서 축제

우리는 반복의 의미를 놀이의 일종인 '축제'를 통해 잘 드러낼 수
있을 것이다. 축제는 여느 놀이와 마찬가지로 거기에 '참여'해야만 이루
어진다. 대상과 거리를 두고 바라보는 미적 의식을 지닌 주체와는 다른
것이 축제의 참여자이다. "주지하듯이 테오로스(Theoros, 참여자)는 축
제 사절단에 참여하는 사람을 뜻한다. 축제 사절단에 참여하는 사람
은 거기에 참가한다는 것 이외에 다른 자격과 기능을 갖지 않는다.……

---

22 같은 책, 1권, 164쪽.
23 같은 책, 1권, 175쪽.

테오리아는 현실적인 참여로서, 행위가 아니라 감수하는 것(pathos), 즉 **보이는 것에 마음을 빼앗겨 빠져들어 가는 것이다.**[24] 즉 테오리아는 우리가 보통 생각할 수 있듯, 대상과 거리를 두고 바라보는 일, 관조가 아니다. 물론 테오리아는 도구를 사용해 생산을 하는 것 같은 실용적인 '행위(praxis)'가 아니다. 그것은 참여를 통해 대상과 합일하는 것이다. 이 참여란 '파토스(pathos)'라는 표현이 알려주듯 주체의 자발성과 상관없이 '빨려 들어가는 일'이다. 바로 모든 예술적 체험에서와 같이 말이다. 테오리아를 통해 대상에 빠져들고 대상과 합일하는 자가 '테오로스'인 것이다. 그리고 테오로스가 되어 대상 속에 빠져들고서야 축제가 이루어진다는 점에서, 축제는 진정한 놀이이다.

놀이와 마찬가지로 축제는 주체가 대상 바깥에 동떨어진 채로 있고서는 이루어지지 않는다. 축제에 간다고 했을 때 그것은 축제에서 이루어지는 일들에 '말려든다는(참여한다는)' 뜻이며, 축제 바깥에 머문 채 축제를 보는 일이란 가능하지 않다. 축제를 연구하는 인류학자는 축제 바깥에 머물며 자연과학자가 대상을 바라보듯 축제를 관찰할 수 있을지 모르나 이때 그 관찰의 대상은 이미 축제가 아니라, 연구물이다.

이러한 축제를 특징짓는 것이 '반복'의 시간이라는 점을 잘 알려주는 작품이 있다. 바로 토마스 만의 소설 『요셉과 그 형제들』이다. 이 작품이 이야기하는 이집트의 오시리스 신화를 보자. 이 신은 동생 세트에 의해 죽임을 당했다가 부활한 신이며, 축제는 해마다 '반복해서' 이 신의 부활을 기린다. 그러므로 신의 부활은 해마다 '반복'된다. "이 위대한 신은 단순히 한번 죽었다 부활하는 게 아니고, 죽었다 다시 살아

---

24 같은 책, 1권, 180쪽.

나는 일을 계속 **반복한다**."[25] 중요한 것은 이 축제에서 신의 부활은 매해 오로지 일회적이면서 진실한 의미를 지닌다는 것이다. 소설 속의 요셉은 말한다. "축제에는 다 때가 있는 거야. 그래서 사람들도 다음에 일어날 일을 다 알면서도, 지금 현재에 일어난 일을 거룩하게 생각하는 거야. 그렇게 자신을 속이는 거라니까."[26] 여기서 '자신을 속이는 것'이란 무엇인가? 매해 반복되지만, 축제를 지금 현재 일회적으로 일어나는 사건으로 여기는 일을 말한다. 축제는 매해 반복되지만, 이 반복은 작년의 것 또는 재작년의 것, 아니면 기원적인 최초의 사건의 재탕이 아니다. 올해 반복되는 축제는 유일무이한 의의를 지니며, 그 축제에서 이루어지는 신의 부활 역시 최초의 유일무이한 사건이다. 그렇기에 모든 축제는 작년 축제의 재방송을 보듯 건성으로 대할 수 없으며, '유일한 진리가 지금 처음으로 일어나듯' 대할 수밖에 없는 것이다. 부활절 미사에 참여하는 사제와 신도는 작년에 했던 것의 복습 정도로 올해의 축제를 소홀히 하지 않는데, 축제에서 부활이란 지금 현재 일어나는 유일무이한 진실된 사건인 까닭이다. 요컨대 축제의 반복이란 '일회적인 새로운 사건의 출현'이다. 이러한 축제의 반복에 대해 가다머는 다음과 같이 말한다.

> 정기적인 축제는 반복된다는 데 특성이 있다. 우리는 이러한 반복을 축제가 돌아온다고 말한다. 이때 돌아오는 축제는 원래 경축되었던 것의 단순한 회고도 아니고 전혀 다른 축제도 아니다. 모든 축제가 갖는 근원적으로 신성한 성격은, 우리가 현재, 회상, 기대라는 시간 경험을 통해 알고 있는 그러한 구별을 명백히 배제한다.……축

---

25 토마스 만, 장지연 옮김, 『요셉과 그 형제들』, 3권, 살림, 2001, 53쪽.
26 같은 책, 2권, 109쪽.

제가 언제나 다른 것이라는 사실은 (비록 축제가 '아주 똑같이' 경축된다고 하더라도) 축제 본래의 근원적 본질에 속한다.[27]

축제는 해마다 늘 새롭다. 축제의 사건은 작년 축제의 회상이 아니다. 축제는 매해 반복되지만, 그것은 이미 있었던 일의 반복이 아니라 새로운 사건을 도래케 하는 반복이다. 가령 성탄절은 메시아의 최초의 탄생의 의미를 지니지, 작년에 이미 탄생한 메시아의 출현을 다시 연출하는 김빠진 재탕 행사가 아니다. 이런 의미에서 축제는 미래로 나가며 과거를 기억하는, "현재, 회상, 기대"로 이루어진 선(線)적인 시간 경험, 가령 후설이 『시간의식』에서 분석했던 시간 경험과는 아무런 관계가 없다. 축제의 시간은 반복이며, 그 반복은 매번 새로운 사건을 도래케 하는 반복이다. '역설적이게도 새로움이란 반복의 결과물인 것이다.' 들뢰즈가 축제에 관한 다음 문장을 통해서 의미하고자 하는바 역시 같은 것이다. **"축제에는 바로 그런 역설, 즉 '다시 시작할 수 없는 어떤 것'을 반복한다는 명백한 역설이 놓여 있다."**(『차이와 반복』, 26쪽) 어떤 독자적인 사건의 시작은 일회적인 것이다. 그런데 축제는 이 일회적인 시작을 반복 가능하게 한다. 여기서 앞 장에서 제시했던 '행위의 조건으로서 반복'이라는 개념이 우리가 지금 다루는 주제와 긴밀히 연관되어 있다는 점을 눈치챘으리라. 반복은 반성적 인식의 대상이 아니라, 행위가 새롭게, 즉 일회적인 유일무이성을 가지고 시작될 수 있도록 해주는 조건인 것이다. 일회성이 그와 양립할 수 없는 듯 보이는 반복 속으로 들어간다는 점에서 축제는 하나의 역설이다. 자연과학의 법칙은 자연 안에서 일어나는 개개의 사건들을 '일반적인 것의 사례들'로 만든다. 반면 축제에서

---

27 한스 게오르크 가다머, 『진리와 방법』, 1권, 178~179쪽.

보듯 반복은, 사건이 되풀이 되면서 매 경우 '독자적인 유일무이한 것' 이 되게 만든다. 다음 문장은 바로 그런 뜻으로 이해되어야 한다. "반복은 법칙에 반한다. 법칙의 유사한 형식과 등가적 내용에 반하는 것이다."(『차이와 반복』, 29쪽)

이렇게 축제는 놀이가 가진 반복의 의미를 분명히 이해할 수 있도록 해준다. 놀이는 반복이다. "놀이는 운동이며, 이 운동은 끝나게 될 어떤 목표가 있는 것이 아니라, **끊임없는 반복을 통해 새롭게 시작되는 것이다.**"[28] 축제가 알려주듯, 놀이는 의미가 확정된 과거의 것을 회상하거나 재생하지 않는다. 가령 올림픽과 월드컵 경기는 매번 새로운 시작이지, 과거의 의미 있는 경기 기록을 재생하는 것이 아니다. 놀이에서 반복의 진정한 의미는 반복이라는 말이 무색하게도 '새로운 시작', 유일무이한 사건인 것이다.

예술작품 역시 마찬가지로 반복의 시간을 가진다. 앞서 읽었던 구절을 상기해 보자. 가다머는 예술작품과 관련해 **"변화된 바로 이것이 참된 존재임에 반해 그 이전의 존재는 아무것도 아님을 의미한다"**라고 말한다. 고전 작품은 늘 반복해서 사람들 앞에 출현한다. 그러나 그것은 그 작품의 원형적 의미의 재생이 아니다. 원형이란 허구적 신화에 불과하다. 작품이 사람들 앞에 반복해서 출현할 때마다 오로지 그 작품은 현재의 새로운 의미만을 지닌다. 그러니까 '반복은 예술 작품을 새로운 현재로 만들어내는 시간의 운동'이다.

잠깐 덧붙이면, 이렇듯 놀이의 근본에 반복이 있다면, 우리는 놀이에 대한 레비나스의 다음과 같은 견해에 대해서는 회의적일 수밖에 없다. 놀이에 대해 레비나스는 이렇게 말한다. "놀이는 경박함 자체이다.

143

---

28 같은 책, 1권, 154쪽.

우리는 언제든지 하던 놀이로부터 쉽게 빠져나올 수 있다."[29] 우리는 반복 개념과 더불어 이 말이 사실이 아닌 것을 확인했다. 명절이라는 이름으로 수천 년 반복되는 축제의 놀이가 알려주듯 우리는 결코 놀이로부터 빠져나올 수 없다. 오히려 축제와 같은 반복되는 놀이는 우리가 존재하는 방식 자체이다. 같은 맥락에서 다음과 같은 레비나스의 말에도 동의할 수 없다.

> 놀이는 역사를 가지지 못한다. 놀이는 역사의 소유로까지 연장되지 못하는 역설적인 존재(existence)이다. 놀이의 순간이 존재한다. 그러나 놀이의 순간은 그 자신과 밀착해있지 못하다.……그것은 아무것도 가지지 못하며 그 자신의 소멸 뒤에는 아무것도 남기지 못한다. 놀이의 '무훈(武勳)과 유물'은 무(無) 속으로 침몰해 버린다.[30]

레비나스의 이런 생각과 달리 놀이는 반복이라는 역사를 가지며, 반복 속에서 현실태(energeia)를 획득하고 "참된 존재"가 된다는 것을 우리는 보았다. 반복 속에 실존하는 놀이는 결코 무(無)속으로 사라져 버리지 않는다.

144

5. 놀이로서 예술의 정치: 실러와 랑시에르

아울러 우리는 놀이로서의 예술이 지니는 '정치적 의미' 역시 잠깐 덧붙여 해명하지 않을 수 없을 것이다. 그 의미가 현대 사상에서 더욱

---

29 에마뉘엘 레비나스, 서동욱 옮김, 『존재에서 존재자로』, 민음사, 2003, 37쪽.
30 같은 책, 37~38쪽.

더 크게 울려퍼진다는 점에서라도 이 절이 수행해야 할 보충적 해명을 생략할 수는 없다.

놀이로서의 예술은 정치적 의미 역시 지닌다. 이 문제와 관련하여 랑시에르의 『미학 안의 불편함』의 다음 문장을 읽어보자. "무위도식하는 여신의 앞에서 관객은 실러가 '자유로운 놀이'라고 규정한 상태 안에 있는 자기 자신이 된다.……실러는 놀이란 인간의 인간성 자체라고 말한다. 즉, '인간은 그가 놀 때만 인간 존재이다.'"[31] 여기서 "무위도식하는 여신"이란 실러가 깊은 인상을 받은 고대의 작품 '유노 루도비시(Juno Ludovisi)', 즉 유노(헤라) 여신상을 말한다. 이 여신상에 대해선 조금 뒤에 이야기하게 될 것이다. 저 인용된 문장 안에 인용 부호로 묶인 문장은 실러의 『인간의 미적 교육에 대한 편지』에서 온 것이다. 실러 저작의 문장을 직접 다음과 같이 읽을 수 있다. "간략하게 말하면 인간은 그 말의 완전한 의미에서 인간인 한에서만 놀이하며, 또한 놀이하는 한에서만 온전한 인간입니다."[32] 왜 놀이란 '자유로운 놀이'인가? 놀이를 통해 인간은 자유로워지는가? 놀이를 통해 인간은 수행해야 하는 어떤 '실용적' 기능 또는 의무로부터 방면되기에 자유로워진다. 그리고 이렇게 자유 속에서, 떠맡아야 하는 어떤 실용적 기능에도 매개되지 않을 때 그 인간은 온전히 인간이라고 일컬어질 수 있을 것이다.

그런데 중요한 것은, 인간이 모종의 기능을 수행해야 하는 기존의 모든 맥락과 단절하고 획득하는 자유가 '정치적인 의미'를 지닌다는 것

31 자크 랑시에르, 주형일 옮김, 『미학 안의 불편함』, 인간사랑, 2008, 59쪽.
32 프리드리히 실러, 안인희 옮김, 『미학 편지—인간의 미적 교육에 관한 실러의 미학 이론』, 휴머니스트, 2012, 129쪽.

이다. 랑시에르는 『미학 안의 불편함』에서 말한다.

> 가장 좁게 정의된 놀이는 자기 자신 외에 다른 목적을 갖지 않는 활동이다. 그것은 사물과 사람들에 대한 어떤 유효한 능력도 갖지 않는다. 놀이의 이 전통적 뜻은 미적 경험에 대한 칸트의 분석에 의해 체계화됐다.……지적·감성적 능력들의 '자유로운 놀이'는 목적 없는 활동일 뿐 아니라 **불활동**과 동등한 활동이다.……칸트의 분석에서 자유로운 놀이와 자유로운 외형은 재료에 대한 형태의 권력을, 감성에 대한 지성의 권력을 중지시킨다. **이러한 칸트의 철학적 제안들은 실러에 의해 프랑스 혁명의 맥락 하에서 인류학적이고 정치학적인 제안들로 바뀐다. 재료에 대한 '정치'의 권력은 대중에 대한 국가의 권력이고, 감각의 계급에 대한 지성의 계급의 권력이며, 자연의 인간들에 대한 문화의 인간들의 권력이다. 미적인 '놀이'와 '외형'이 새로운 공동체를 만든다면 그것은 그것들이 지성적 형태와 감각적 재료 사이의 대립 ……에 대한 감각적 거부이기 때문이다.**[33]

여기서 기술되는 것은, 예술이 초래하는 "오성[지성]과 감성 사이의 일상적 연결을 중지시키는 특수한 경험"[34]이다. 랑시에르는 이 중지를 "실러가 '놀이'라는 용어 안에 요약한 감성의 분할의 새로운 형태"[35]라 일컫기도 한다. 놀이란 노동이 아니므로 성취해야 할 목적을 가지지 않는다. 다르게 말하면 놀이의 목적 또는 기능은 놀이 그 자체이다. 즉 놀이는 자기 지칭적이며, 그런 뜻에서 고립된 채 그 무엇을 위해서도 기여하지 않는다. 역설적이게도 이 고립성이 놀이로서의 예술을 '정치적'

146

---

33 자크 랑시에르, 『미학 안의 불편함』, 62~63쪽.
34 같은 책, 62쪽.
35 같은 곳.

으로 만든다. 어떤 행위를 유용하게 만드는 것은 그 행위를 특정 목적에 맞게 규정하는 지성이다. 이 지성이 위 인용에서는 "대중에 대한 국가의 권력"이라 불리기도 했다. 예술이 행위를 놀이로 만들 때 행위에 대한 저 지성의 개입은 중지된다. 행위는 유용성 없는 것, 유용한 목적이 함축된 형식이 개입하지 못하는 불용의 질료가 된다. 한 마디로 놀이에선 재료에 대해 행사되는 형태의 권력의 중지가 이루어지며, 재료는 완전한 자유를 획득한다. 지성으로 표현되는 권력 자체가 인간의 행위를 규정하는 형식으로서 개입하려는 일이 중지되며, 그 결과는 '자유'인 것이다. 당연히 이런 자유는 정치적 차원에서 의미를 지닌다. 예술작품이 이런 정치적 사건을 일으킬 수 있을까? '유노 루도비시'에 관한 실러의 문장들을 읽어보아야 한다.

> 유노 루도비시(Juno Ludovisi)의 얼굴 표정이 우리에게 말하고 있는 것은 우아도 기품도 아닙니다. 둘 가운데 어느 것도 아닌 두 가지 모두이기 때문입니다.……우아함을 통해 항거할 수 없이 이끌리고, 그 기품을 통해 거리를 두게 됨으로써 우리는 최고의 평온 상태와 아울러 최고의 동작 상태에 있게 되는데, 바로 여기서 **오성[지성]이 알맞은 개념을 찾아내지 못하고** 언어가 그 이름을 찾아내지 못하는 저 경이로운 감동이 생겨나는 것입니다.[36]

지성은 유노 여신의 조각상을 규정할 수 있는 어떤 개념도 고안해내지 못한다. 그렇게 하여 지성의 개입은 중지되며, 조각상의 자유로운 놀이만이 남는다. 이 조각상이 구현하는 자유에 대해 랑시에르는 이렇게 말한다. "신성의 고유한 속성은 아무것도 원하지 않는 것이며, 목표

---

36   프리드리히 실러, 『미학 편지』, 130~131쪽.

들을 제안하고 그것들을 실현해야 한다는 걱정으로부터 해방된 것이다."[37] 예술작품이 불러오는 것은 바로 '해방'의 사건이다. 우리는 이 해방으로부터, 지성으로부터 유래하는 모든 정치 권력의 중지 역시 읽어낼 수 있을 것이다.

이런 놀이로서의 예술은 '노동'의 대척지에 있는 '무위'로도 성격지어질 수 있으리라. "놀이의 자유는 노동의 복종성과 반대된다."[38] 놀이로서의 예술이 가능하게 하는 자유는 인간의 행위를 유용성을 지향하는 노동에서 해방해 '무위'에 이르게 한다. 위 랑시에르의 글이 보여 주었듯 "자유로운 놀이"는 곧 "불활동", 무위인 것이다. '여기서 우리는 현대 정치 철학의 핵심 개념인 무위와 놀이로서의 예술이 만나는 지점을 확인한다.' 근대 정치 철학에서 해방의 약속을 담보했던 것이 노동이라면, 현대에는 무위가 해방의 출구가 된다. 이 중요한 논제, 해방의 견인차로서 노동과 무위를 평가하는 일을 이 자리에서 세세히 진행할 수는 없을 것이다.[39] 여기서는 다만 여러 형태의 무위의 철학의 표현 가운데 아감벤이 쓰고 있는 한 구절만 보자. "순수한 파괴행위, 완전히 파괴적이거나 탈창조적인 성격의 행위는 메누하(menhchà), 안식일의 **휴식**과 닮아 있다고 하며……**노동이 아니라 무위**와 탈창조가 도래하는 정치의 패러다임[이다.]……구원(티쿤(tiqqun))은 행위가 아니라 특수한 종류의 안식 휴가이다."[40] 아마도 현세의 가치나 권력을 지탱하는 어떤 유용성에도 매개되지 않은 채 놀이만 하는, 즉 저 유용성을 방해하는 예술은 무위의 자

---

37 자크 랑시에르, 『미학 안의 불편함』, 58쪽.

38 같은 책, 64쪽.

39 이에 대해선 서동욱, 「행복과 메시아적 몰락」, 『서강인문논총』, 53권, 2018, 239~270쪽 참조.

40 조르조 아감벤, 이경진 옮김, 『도래하는 공동체』, 꾸리에, 2014, 151쪽.

격을 가지고서 현세의 파괴, 즉 구원의 길을 열 것이다.

6. 가다머, 하이데거, 들뢰즈의
반복 개념 비교

이 글을 통해 우리가 보이고자 하는 바는 단지 가다머 예술론에서 반복 개념의 정체가 무엇인지에 그치지 않고, 이 반복 개념이 얼마나 보편적인가 하는 것이다. 가다머가 예술, 놀이, 축제를 통해 보여 준 '반복' 개념은 가다머 한 사람의 사상 안에 고립된 것이 아니다. 이 반복 개념이 중요한 까닭은 생성, 변화, 시간의 흐름에 대한 현대 철학의 다양한 이해들을 수렴해서 담아내고 있기 때문이다. 가다머의 반복 개념은 시간의 흐름에 대한 현대 사상의 이해의 한 표현이라 할 수 있다.

가다머 사상의 밑그림을 제공하고 있는 하이데거에게서 우리는 반복 개념의 핵심을 발견할 수 있다. '반복'의 문제에 집중한 앞 장에서 다루었듯, 하이데거가 『철학에의 기여』와 『형이상학 입문』에 쓰고 있는 아래 구절들은 하이데거의 반복 사상의 핵심을 잘 보여주고 있다.

> 단지 일회적인 것만이 반-복 가능하다. 단지 그것만이 다시 자신에게로 되돌아가 자신의 시원성을 떠맡게 된다는 필연성의 근거를 자신 안에 갖고 있다. 여기에서 반-복이란 똑같은 것이 두 번 세 번 단순히 출현한다는 어리석은 천박함과 불가능성을 의미하지 않는다. 왜냐하면 시원은 결코 똑같은 것으로 포착될 수 없기 때문이다. 그 까닭은 시원은 앞서 도달하며 또한 이로써 자신을 통해 시작된 것을 그때마다 다르게 덮쳐 붙잡고 또한 이에 적합하게 자신의 반-복을 규정하기 때문이다.(『기여』, 96~97쪽)

있음은 어떻게 존재하는가? 라고 묻는 것-이것은, 우리들을 새로운 또 다른 재출발 속으로 변화시키기 위해서, 우리들의 역사적-정신적 현존재의 그 시작을 다시 한번 반-복(反-復/Wieder-holen)하는 것[되-찾아오는 것]을 요구하는 것보다 더 적은 것을 의미하는 것이 아닌 것이다.……이것은 또한, 그것이 근본적 이루어짐이라는 것을 확립하는 것이기 때문에 역사(歷史)라는 것의 척도를 규정해주는 형상이기도 한 것이다. 그러나 **하나의 시작은, 사람들이 이미 지나간, 잘 알려진 것을 그저 똑같은 방법으로 모방해서 단순하게 반복함으로써가 아니라, 출발이 '원천적으로 고유하게(ursprünglicher)' 다시 시작됨으로써, 따라서 진정한 시작이 지니는 모든 난처함, 어둠, 불확실성과 함께 다시 한번 출발함으로써 되살아날 수 있는 것이다.**[41]

우리가 살펴본 가다머의 예술론을 '일회적인 것만이 반복 가능하다'는 하이데거의 사상에 비추어 보아야 한다. 가다머에서 예술은 변화하는데, 그것은 과거의 예술이 어떤 원형을 가지고 전수되는 것이 아니라, 현재에 새로운 것으로서 반복하여 출현한다는 의미를 지닌다. 물론 그 새로움은 미적 의식이라는 주관의 변덕과 상관없는, 작품과 거기 참여하는 이의 존재함 자체의 쇄신이다. 하이데거의 경우는 어떤가? 하이데거에게서 존재에 관한 시원적 물음은 고정되어 있는 어떤 존재의 관념을 찾는 물음이 아니다. 하이데거가 쓰고 있듯, 시원은 결코 똑같은 것으로 포착될 수 없으며, 존재 물음을 던지는 이에게 반복해서 새롭게 출현한다. 이런 반복을 통해 시원에 관한 물음은 상속된다. "'반복은 명확한 전수이다.'"(『존재와 시간』, 504쪽) 그 반복은 과거의 물음을 새롭게 던지는 것, 물음을 새로 시작하는 것이다. 요컨대 가다머와 하이데거의 반복 개념은 동일한 구조를 가지고 있는 것이다.

---

41 마르틴 하이데거, 『형이상학 입문』, 75쪽.(대괄호-옮긴이)

이러한 반복 개념은 들뢰즈의 그것과도 의미 있는 비교 지점을 가지고 있다. 앞 장에서 보았듯 들뢰즈는 『차이와 반복』에서 반복을 '위장(déguisement)'으로 특징짓는다. "반복은 오로지 '위장들'과 더불어, 그리고 그 위장들 안에서만 구성되고 이 위장들은 현실적 계열들의 항과 관계들에 영향을 미친다."(『차이와 반복』, 239쪽) 반복은 늘 새로운 위장된 모습으로 이루어지기에, 그것은 하이데거와 가다머에서처럼 '일회적인 것'이자 '새로운 시작'으로 나타날 수 있다.

프루스트의 『잃어버린 시간을 찾아서』는 이런 위장으로서의 반복을 잘 보여주는 예를 담고 있다. 들뢰즈는 『프루스트와 기호들』에서 프루스트 소설에서의 사랑에 관해 다음과 같이 말한다.

> 한 가지 근원적인 차이가 우리의 사랑을 지배한다. 아마 그것은 어머니의 이미지일 것이다.……더 근본적으로 그것은 우리의 경험 너머 먼 곳의 이미지이고 우리를 초월하는 테마이며, 일종의 원형(archétype)이다. 이미지, 관념 혹은 본질은……우리의 연속되는 사랑들 속에서, 또 따로따로 고립된 것으로 고려된 우리의 사랑들 각각 속에서 **반복**될 만큼 충분히 풍부하다.(『기호들』, 108쪽)

여기서 '어머니'라고 일컬어지는 일종의 본질, '원형'은 그때그때의 현재의 사랑 속에서 반복된다. 그러나 이 원형은 그 자체로 존재하는 고정된 것이 아니다. "궁극적인 항이란 없으며, 우리의 사랑은 엄마로 귀착되지 않는다."(『차이와 반복』, 241쪽) 어머니는 그 자체로 발견할 수 있는 시원(始原)이 아니다. 오로지 그것은 다른 사랑으로, 즉 알베르틴이나 질베르트에 대한 사랑으로 위장된 채로만 출현한다. 아랫글에서 따옴표 안의 문장은 프루스트의 『되찾은 시간』에서 온 것이다.

우리는 이 근원적인 이미지를 다양한 층위에서 끊임없이 재생산하고, 또 그것이 우리의 모든 사랑을 이해할 수 있도록 해주는 법칙인 양 끊임없이 **반복**한다. '바로 이와 같은 식으로 알베르틴에 대한 내 사랑은, 그것이 질베르트와의 사랑과 완전히 다르긴 했다 해도, 이미 질베르트에 대한 사랑 안에 새겨져 있었던 것이다.'(『기호들』, 108~109쪽)

한 마디로 "사랑의 포로가[곧 주인공의 엄마가] 겪는 영원한 전치와 영원한 위장"(『차이와 반복』, 279쪽; 대괄호-옮긴이)이 있는 것이다. 전치 (déplacement), 즉 자리바꿈 말이다. 어머니에 대한 사랑은 계속 여러 현재적인 사랑들의 모습으로 자리를 바꾸며 옮겨 다닌다. "가면들의 뒤에는 여전히 가면들이 있다. 맨 뒤에 감춰져 있는 것도 여전히 어떤 은신처이며, 이런 과정은 무한히 계속된다. 여기에 무슨 착각이 있다면, 어떤 사물이나 인물의 가면을 벗긴다는 착각 말고는 없다."(같은 책, 241쪽) 가면 뒤에서 그 자체로 발견할 수 있는 원형이나 시원은 존재하지 않는다. 시원은 그 자체로서의 정체성을 지니지 않고, 위장하고서 반복될 뿐이다. 사랑의 예에서 보듯 반복이 늘 위장된 채로 이루어진다는 것은, 늘 우리는 현재에 새로운 시작을 하듯 새로운 사랑을 한다는 것에 대한 설명이 될 것이다.

들뢰즈가 이야기하는 이런 반복의 모습은 하이데거에게서, 그리고 가다머에게서 보았던 것이다. 하이데거에게서 시원적인 것은 과거에 고착된 형태로 있는 것이 아니라, 새로운 시작으로서의 물음이 그때그때의 현재 시점에 겨냥하는 것이다. 따라서 시원은 결코 똑같은 것으로 포착되지 않으며 늘 모습을 바꾼다. 가다머에게서 과거로부터 전수된 예술작품은 그것이 기능하는 현재에 일회적으로 새롭게 출현하며, 예술의 전수는 이런 식으로 반복된다. 마치 매해 이루어지는 축제가 늘 새로운 사건이듯이 말이다. 유지되는 기원이 있는 것이 아니라 변화내지 새로운 출현만이 있으며 그 새로운 출현의 계속됨이 반복이다. 같은 맥락에서 들뢰즈는 원형은 그 자체로 있는 것이 아니라, 위장된 모습으로 반복된다고 말한다.

이렇게 가다머의 예술론에서 핵심이 되는 반복 사상은 한 사상가 개인의 이론 속에 고립된 것이 아니라, 현대의 지배적 사유 형태의 일부를 이룬다. 하이데거와 들뢰즈로 대표되는 현대 존재론의 핵심을 이루는 것이 반복이다. 가다머 예술론의 반복 개념은 이 철학자들의 반복 개념과 공명을 이루며, 반복 개념 일반의 의미가 어떻게 예술이라는 고유한 영역에 자리 잡는지 확인해주고 있다. 이렇게 현대 사상 일반을 배경으로 가다머의 반복 개념에 접근해 봄으로써 우리는 가다머의 사상에 내재하는 보편성 역시 확인할 수 있다.

7. 보충적 논의: 가다머와 들뢰즈의 새로운 경험론

가다머에게 이러한 반복을 통해 주어진 것은 '이해'의 대상이다. 이해의 대상이란 무엇인가? 『진리와 방법』을 요약하는 핵심 가운데 하나는 다음 문장 속에서 잘 드러난다. "이해는 곧 해석이라는 명제를 우리는 논의의 출발점으로 삼았[다]."[42] 또 이런 문장 역시 주목해야 한다. "이해와 해석의 과정 자체가 곧 '의미의 구현 자체'이다."[43] 여기서 해석

---

[42] 한스 게오르크 가다머, 『진리와 방법』, 2권, 318쪽.
[43] 같은 책, 2권, 321쪽.

이란 이해에 동원되는 개념들을 뜻한다. 이해가 곧 해석이라는 것은 이해에 동원된 개념들과 이해 자체가 구별되지 않는다는 것, 해석을 위한 개념은 오로지 단 하나의 이해만을 위한 것임을 말한다. 자연과학에서와 같이, 그리고 데카르트주의에서와 같이 하나의 이해 이전에 미리 준비되어 있고 만능의 도구처럼 사용할 수 있는 보편적인 개념들 또는 보편적인 방법들 같은 것은 존재하지 않는다는 것이다. 한 마디로 이해의 대상은 '대상 일반'이 아니라, 단칭적인 것이고 일회적인 것이다. 하나의 특정한 이해와 그것을 가시화하는 특정한 해석의 개념이 있을 뿐이다. 그리고 단 하나의 이해에 걸맞은 단 하나의 개념이 있으므로 사실 이해와 해석은 서로 구별되지 않는다. 이것이 '이해는 곧 해석이다'라는 명제의 뜻이다.

가다머는 이런 단칭적인 이해를, '대상 일반'을 다루는 자연과학의 경험과 구별해서 "진정한 경험[echte Erfahrung]"[44]이라 일컫는다. 그런데 경험은 감성적 소여와 떼어서 생각할 수 없다. 그러므로 저 '진정한 경험'은 감성론의 영역에서 해명되어야 한다.

경험이 오로지 '단칭적'이라는 것을 가다머는 플라톤을 배경으로 '아름다움'과 관련해 논의한다.

아름다움의 형이상학적 특징은 이념과 현상의 괴리를 극복하게 해주는 매개 역할을 한다는 것이다. 아름다움이 '이념'이라는 것은 분명하다. 다시 말해 아름다움은 덧없이 흘러가는 현상계를 초극하여 그 자체로 항상적인 존재질서에 속해 있다. 또한 분명한 것은 아름다움은 스스로를 현상으로 드러낸다는 것이다. 이런 측면은 이미 확인한 바와 같이 이념에 대립되는 것이 아니라 이념의 문제를

---

44 같은 책, 2권, 445쪽.

집약해서 보여주는 전형적 사례이다. **플라톤은 아름다움이 자명하게 드러나는 것이라고 할 때 '아름다움 자체'와 그것의 모상을 대립적으로 보지 않는다.**[45]

여기서 '아름다움의 모상'이라고 하는 것은 바로 우리의 경험 속에 출현하는 '하나의' 아름다움이다. 그런데 이 경험 속에 출현하는 '한' 아름다움은 '아름다움 자체', 즉 보편성을 지닌 아름다움의 이데아와 대립적이지 않다. "아름다움의 이념은 아름다운 대상 자체 속에 분열되지 않은 온전함으로 존재한다."[46] 이데아는 보편적인 것임에 반해, 경험 중의 대상은 단칭적인 것, 특정한 것이 아닌가? 그런데 아름다움 자체가 아름다운 대상 자체와 분열 없이 존립할 수 있는가? 이런 예를 생각해 보자. 우리는 사랑하는 이의 외모에서 아름다움을 경험한다. 이것은 경험적인 것, 감성 가운데 주어지는 유일무이한 아름다움이다. 사랑하는 이의 이 아름다운 외모를 아름다움의 이데아와 바꿀 수 있겠는가? 아름다움의 이데아가 말 그대로 '이상적인' 아름다움이기에 그렇게 할 수 있겠는가? 결코 그런 터무니없는 교환은 있을 수 없다. 개별자인 사랑하는 이의 외모가 지닌 아름다움이 이상적인 것이며, 그것보다 상위의 아름다움이란 없는 것이다. 즉 아름다움 자체는 보편적인 이념으로서가 아니라, 한 개별자를 통해서만 현존하고 경험된다. 이것이 알려주는 바는, 대상 일반이 아닌, 그리고 아름다움 자체와 같은 보편자가 아닌, 개별적인 경험이 바로 이해의 대상이라는 것이다. 그리고 '개별적인 경험의 이해'는 보편적일 수 없는 개별적인, 즉 '일회적인 해석'의 소산이다.

---

45 같은 책, 2권, 443~444쪽.

46 같은 책, 2권, 435~436쪽.

이런 가다머의 논의가 뜻하는 바는 무엇인가? 감성론의 관점에서 이야기하자면, 이는 '칸트가 구분한 두 가지 감성론의 합치'를 의미한다. 칸트의 사변 철학에서 감성은 '가능한 대상 일반'의 인식에 관여한다. 미적 체험에서 감성은 '실재하는 단칭적 대상'에 관여한다. 가다머가 이야기하는 '진정한 경험'은 인식의 대상, 이해의 대상에 대한 경험이며, 이는 '개별적인 단칭적 대상에 대한 경험'이다. 그리고 경험이 감성에 주어지는 것인 한에서 이 경험을 위한 감성론은 실재하는 단칭적 대상의 인식을 위한 감성론인 것이다. 우리는 이러한 정황을 들뢰즈에게서도 확인할 수 있다.

> 재현의 요소 개념들은 가능한 경험의 조건들로 정의되는 범주들이다. 그러한 범주들은 실재에 비해 너무 일반적이고 너무 크다. 그물은 너무 성겨서 대단히 큰 물고기도 빠져나가 버린다. 그래서 감성론이 환원 불가능한 두 영역으로 쪼개진다는 것은 놀라운 일이 아니다. 그렇게 쪼개진 한 영역은 감성적인 것에 대한 이론인데, 이 이론은 실재에서 **오로지 가능한 경험과 합치하는 것만을 보존**한다. 다른 한 영역은, 실재의 실재성이 **반성되는 한에서만 그 실재성을 거두어들이는**, 아름다움에 대한 이론이다. 하지만 우리가 실재 경험의 조건들을 규정한다면 모든 것은 달라진다. **이 실재 경험의 조건들은 조건화되는 것보다 더 크지 않으며,** 범주들과는 본성상의 차이를 지닌다. **여기서 감성론의 두 가지 의미는 서로 뒤섞여 하나가 된다.**(『차이와 반복』, 165~166쪽; 번역 수정)

칸트의 이론 철학에서 감성론은 '가능한 경험 일반'을 다룬다. 그것은 가능한 경험 일반을 '규정'하지만 이 가능한 경험 일반은 실재에 비해 너무 일반적이다. 미학으로서의 감성론은 실재 대상 또는 단칭적 대상을 다루는 것이 가능하지만, 오로지 '반성'의 차원에서만 그렇게 한다. 전자는 너무 일반적인 인식만을 주며, 후자는 대상에 대한 규정의 차원이 아니라 반성의 차원에 자리하므로 규정적인 인식은 주지 못한다. 들뢰즈의 기획은 이 두 가지 감성론을 통합하는 것이다. 그는 가능한 경험이 아닌 실재 경험, 특정한 단칭적 대상에 대한 경험을 (반성하는 것이 아니라) '규정'하는 조건을 마련하고자 한다. **"우리는 조건들을 모든 가능한 경험의 조건들로서가 아니라, 실재 경험의 조건들로서 세워야 한다."[47]** **"이들 조건은 일반적이지도 추상적이지도 않다. 그것은 조건지어진 것보다 크지 않으며, 실재 경험의 조건이다."[48]**

가다머의 '이해는 곧 해석이다'라는 명제의 핵심은, 이해의 대상은 가능한 경험 일반 같은 것이 아니라 단칭적인 일회적인 것이며, 이에 대한 이해를 가시화하는 해석의 용어 역시 이 하나의 이해에 대해서만 타당한 일회적인 개념이라는 것이다. 해석의 용어는 어떤 경험에나 적용될 수 있는 자연과학의 보편적인 방법 같은 수단이 아니다. "해석은 이해를 가능케 하는 수단이 아니라 이해의 내용 속으로 편입된다.······ 이해와 해석은 불가분의 관계로 긴밀하게 관련되어 있다."[49] 하나의 이해에 대해 오로지 하나의 해석의 개념만이 '일치'할 뿐이다. 이런 이해와 해석의 결합이 '진정한 경험'을 이룬다. 들뢰즈의 감성론에서 경험은 단칭적인 실재에 대한 경험이며, 이 경험을 조건짓는 개념은 조건지어진 것보다 크지 않은 것, 이 경험과 '일치'하는 것이다. 가다머와 들뢰즈는 모두 추상적인 일반 경험을 뛰어넘어 '하나의' 진정한 경험에 가닿고

---

47 질 들뢰즈, 박정태 옮김, 「베르그송에 있어서의 차이의 개념」, 『들뢰즈가 만든 철학사』, 이학사, 2007, 319쪽.(번역 수정)

48 질 들뢰즈, 김재인 옮김, 『베르그송주의』, 문학과지성사, 1996, 30쪽.

49 한스 게오르크 가다머, 『진리와 방법』, 2권, 322~323쪽.

자 한 새로운 경험주의자인 것이다.[50]

　사실 경험이란 본성상 '하나의' 경험일 뿐이다. 그러면 보편성은 어디 있는가? 그것은 경험 일반에 있지 않고 계속 새로운 하나의 경험을 출현시키는 원리인 '반복'에 있다.

50　경험 개념과 관련해서도 양자는 공통의 지점뿐 아니라 차이를 지니는데, 이 점 역시 명시해야 할 것이다. 가다머는 헤겔의 영향 아래 경험이 지니는 "변증법적 계기"(한스 게오르크 가다머, 『진리와 방법』, 2권, 261쪽)를 중요시한다. 한 경험(예를 들면 실패의 경험)의 '부정'에 힘입어 다른 경험으로 나아가는 것 말이다. 반면 들뢰즈에게는 헤겔적인 부정성이 역할하는 국면이 없다. 또한 하이데거의 유한성 개념을 자기 철학의 핵심에 받아들이는 가다머에게서는 경험 역시 유한성과 떼어서 생각할 수 없다. "본래적 의미에서 경험이라는 것은 인간이 자신의 유한성을 자각하는 경험이다."(같은 책, 2권, 266~267쪽) 반면 들뢰즈에게서는 무한성 개념이 중요한 자리를 차지한다. "사유는 '단지' 무한에까지 이를 수 있는 운동만을 요구한다. 사유가 권리로서 요구하는 것, 사유가 선택하는 것은 바로 무한한 움직임 또는 무한의 운동이다."(G. Deleuze & F. Guattari, *Qu'est-ce que la philosophie?*, 1991, 40쪽)

에필로그:
차이와 반복의 시학(詩學)

에필로그

**차이와
반복의
시학(詩學)**

　　존재함이란 추상적인 무엇이 아니라 삶 외에 다른 것이 될 수 없다. 삶의 존재함이란 무엇인가라고 물으며 삶의 배후에서 존재함의 근원적 지위를 찾는 것이 근본 물음이 아니라, 존재함은 어떻게 삶일 수밖에 없는가 묻는 것이 근본 물음일 것이다. 존재함의 비밀인 차이와 반복이 삶과 엉켜 자라 나온다면, 그리고 억견 속에 파묻힌 삶을 소중한 식량처럼 캐낼 수 있는 것이 예술이라면, 예술 역시 삶처럼 차이와 반복을 원리로 삼을 것이다. 예술 속에서 차이와 반복이라는 근본 원리가 삶을 드러낼 것이다. 그리고 부르짖음으로 나타나든, 무서운 표정 같은 이미지가 되든, 운율에 맞춘 무녀의 동작과 더불어 육체를 얻든, 근본적인 예술이 결국 소리와 이미지와 운율의 고향인 시(詩)라면, 사유해야 하는 과제는 시학으로서의 차이와 반복일 것이다. 고단한 삶은 그릇을 집어 들어 살아있는 김이 오르는 밥을 담기도 하고, 술을 부어 죽은 이들을 애도하기도 하며, 배고픈 짐승에게 인간만이 차지해서는 안 되는 먹거리를 담아 내밀기도 한다. 그런 삶의 가장 오래된 모습은

질그릇처럼 뒹구는 시가 간직하는 것이다. 시와 만났을 때 우리는 하늘에서 떨어져 발등에 꽂힌 화살이 걸음을 대지에 묶어 놓은 듯 멈추어 서고, 우리가 피 흘리고 죽을 수 있는 자라는 것을 대지에 손수건처럼 한 겹 두 겹 펼쳐지는 붉은 빛이 알려주면, 삶에 대한 생각은 시작된다. 그런 생각의 시작은 이렇게 비 개인 봄날의 오후에 이루질 수도 있다.

바람 속에 들어서서 머리를 매만지는 나무는 헝클어진 잎사귀들을 가지런히 만들기 위해 애쓰는 중이다. 대기가 고요해지고 바람으로부터 자유로워졌을 때 잎사귀들은 공기 속에 연꽃처럼 떠 있는 둥근 그늘을 만든다. 회색의 은신처 같은 그늘 밑에는 작년 봄에서 올해 봄으로 순식간에 건너온 꽃들이 있다. 그러니까 자연은 작년에도 올해에도 어김없이 꽃들이 되찾아 온다고 노래 부르는 후렴의 형식, '반복'의 형식을 가지고 있다.

후렴, 반복은 일반성에 반대된다. 하나의 구절이 고유한 개별성을 지니는 것이 아니라 일반성의 표현이라면 후렴을 통해 다시 한번 노래할 까닭이 있겠는가? 그러니 후렴, 즉 반복은 똑같지 않은 것들, '차이'나는 것들의 반복이다. 그러나 인지되어야 할 의미의 관점에선 후렴을 통해 반복되는 것은 동일한 것이다. 이것이 뜻하는 것은, 반복은 객관적인 의미 전달을 하는 것으로서의 말을 쓸모없게 만들어 버린다는 것이다. 의미 전달이 관건일 때 반복은 사라져야 할 스캔들이고, 반복이 이루어질 때는 의미의 동일성이 관건이 아닌 시구의 차이만이 떠오른다.

예술은 이러한 '차이'와 '반복'을 원리로 한다. 구체적인 작품들이 이 점을 보여 주어야 할 것이다. 먼저 '차이'에 대해서 생각해보자. T. S. 엘리엇의 『황무지』(1922)는 어떻게 차이를 통해 말들이 탄생하는지를 보여 준다. 『황무지』 5부 「천둥이 한 말」은 『우파니샤드』에 실린 설화를 모티브로 삼는다. 비를 기다리는 황무지에 비로소 천둥소리가 들린다. 이제 물방울이 떨어지고, 갈증 속에서 향기를 잃었던 대지로부터 물기가 흙냄새를 끌어내면 이내 바람이 실어나를 것이다.

천둥은 무거운 입을 떼 '다(Da)'라고 말한다. 이 '다'는 듣는 이들에게 세 가지 서로 다른 말로 들린다. 다타(주라), 다야드밤(공감하라), 담야타(자제하라). 그러니까 '다'라는 말 자체가 들린 것이 아니다. '다'라는 말 그 자체는 정체성(동일성)을 가지지 않는다. '다'는 다타, 다야드밤, 담야타라는 세 가지 말의 서로 차이나는 동일성을 생산하는 요소이다. 요컨대 '다'는 동일성을 지닌 각각의 것들을 가르는 '차이 자체'이지 그 자체 동일성을 지닌 것은 아니다. 또한 '다'로부터 생산된 저 세 낱말은 유사한 두음(頭音)을 가지고 있다는 점에서 유사 관계를 맺는다. 그렇기에 차이로서의 '다'는 각 단어의 동일성뿐 아니라, 단어들끼리의 유사성도 산출한다. 요컨대 '근원적 차이'로부터 '동일성'과 '유사성'이 산출된다. 동일성 자체가 근본 개념이 아니라, 차이로부터 하나의 결과로서 동일성이 산출된다는 이런 통찰을 하이데거의 문장을 통해서도 확인할 수 있을 것이다. "차이가 사유될 때에만, 동일한 것은 말해질 수 있다. 차별적인 것을 품어 나르는 가운데 동일한 것의 모아들이는 본질은 빛을 발한다."[51] 차이가 분산시켜 줄 때 동일한 것들은 탄생한다. 더 멀리 나아가 들뢰즈가 생각하듯 동일성이란 그저 차이가 만들어내는 환영(幻影)이라고 할 수도 있으리라. 존재란 근본적으로 차이가 만들어내는 다수성이라는 것을 횔덜린은 「모든 악의 뿌리」에서 다음처럼 말하기도 했다. "단지 유일한 하나만이 존재한다는 인간들 사이에서의 그런

---

51 마르틴 하이데거, 이기상·신상희·박찬국 옮김, 『강연과 논문』, 이학사, 2008, 252쪽.

탐욕은 도대체 어디로부터 오는가?"[52]

이렇게 우리는 T. S. 엘리엇의 시의 한 장면에서부터 차이가 동일성과 유사성에 선행하는 근본 개념이지 않은지 생각해볼 수 있다. 이런 생각은 서구 철학의 주도적인 사상인 플라톤주의와 얼마나 다른가? 플라톤에겐 이데아의 근원적 '동일성' 및 그 이데아와 모사물(εἰκών, copy) 사이의 '유사성'이 근본적인 개념이다. 한 마디로 짝 개념 '동일성'과 '유사성'이 존재의 세계를 근거 짓는다. 이와 달리, 우리가 읽었듯 엘리엇의 시에서는 근본적인 차이로부터 동일성과 유사성이 파생한다.

레몽 루셀 역시 이러한 '차이'로부터 어떻게 의미 자체가 구성되는지 보여주고 있다. 루셀은 자신의 소설들보다도 그 소설들의 창작 원리를 다룬 작품 「나는 내 책 몇 권을 어떻게 썼는가」(1935)로 더 유명할 것이다. 여기서 이야기하는 그의 창작 원리가 바로 '차이로부터 의미의 구성'이라 일컬을 수 있다. 아래 읽어볼 루셀의 글에서 핵심은 '유사동음이의어(quasi-homonyme)'이다. 거의 동일하게 발음되는 서로 다른 의미의 단어 말이다.

> 나는 (메타그램을 생각나게 하는) 거의 비슷한 단어 두 개를 골랐다. 예컨대 'billard(당구대)'와 'pillard(약탈자)'가 그것이다. 나는 이것들에다가 비슷한, 그러나 서로 다른 의미를 지닌 단어들을 덧붙였고, 그렇게 해서 거의 같은 두 문장을 얻었다.
> 'billard'와 'pillard'의 경우 내가 얻어낸 두 문장은 이것이다.
> ① Les lettres du blanc sur les bandes du vieux billard...
>   오래된 당구대 쿠션에 초크로 쓴 글씨들
> ② Les lettres du blanc sur les bandes du vieux pillard...

---

52 같은 곳에서 재인용.

늙은 약탈자가 이끄는 무리들에 관한 백인의 편지들

첫 번째 문장에서 'lettres'는 '글씨들', 'blanc'은 '초크', 'bandes'는 '당구대의 쿠션'을 뜻했다.

두 번째 문장에서 'lettres'는 편지들, 'blanc'은 '백인', 'bandes'는 '전사 부족들'을 의미했다.[53]

루셀은 첫 번째 문장으로 시작해서 두 번째 문장으로 끝나는 소설을 쓴다. 이 두 문장을 구성하는 원리는 무엇인가? 바로 '차이'이다. 서로 다른 의미를 지니는 두 문장에서 모든 단어들이 동일하고 오로지 '유사동음이의어'인 'billard'와 'pillard'만이 다르다. 물론 이 두 단어는 발음의 유사성, 형태의 유사성 등 서로 깊은 연관을 가진다. 그런데 왜 이 두 단어가 나란히 선택되었는가? 바로 이 두 단어의 '차이' 때문이다. 차이가 두 단어를 선택했고, 유사 관계 속에 배치했다.

다소 결이 다르지만, 더 쉬운 예로 '사과받는다'와 같은 구절을 생각해 볼 수 있을 것이다. 여기서 사과는 동음이의어로서, 한편으로 '과일'이며 다른 한편으로 '사죄'이다. 이 동음이의어는 의미가 다른 두 문장을 생산해 낸다. '과일을 받는다'와 '사죄를 받는다.' '사과받는다'라는 문장으로부터 두 개의 의미를 생산해 내는 것은 '차이 자체'로서의 '사과'이다. 이 단어는 그 자체 동일성을 지닌 것이 아니라 서로 다른 의미의 두 문장을 분화시키는 '차이'일 뿐이다. 이런 정황을 우리는 들뢰즈의 말을 빌려 이렇게 정리해볼 수도 있을 것이다. "동음이의어도 여기서는 한 기표의 명목적 동일성으로 나타나는 것이 아니라 다만 서로 다른 기의들의 분화소로 나타난다."(『차이와 반복』, 272쪽)

164

---

53 레몽 루셀, 송진석 옮김, 「나는 내 책 몇 권을 어떻게 썼는가」, 『아프리카의 인상』, 문학동네, 2019, 357~358쪽.

우리는 이러한 차이를 '시간' 속에서 살펴볼 수도 있는데, 차이는 시간 속에서는 '반복'으로 나타난다. 오래도록 사람들은 존재로부터, 그리고 자연으로부터 '일반성'을 얻고자 했다. 이 욕구는 일반성을 표현하는 전칭명제에 진리를 담아내는 과학으로 달성된다. 한 마디로 과학은 특수한 것들로부터 일반성을 얻어낸다. 그리고 일반성을 가지는 법칙 아래서 각각의 것들의 특수성은 사라져 버린다. 반면 시와 같은 예술은 특수한 것들이 보편적이라고 말한다. 개별적인 특수한 것들만이 있다는 사실 자체가 보편적인 것이다. 예술에서 이 특수한 것들, 즉 서로 '차이'나는 것들의 보편성은 어떻게 나타나는가? 바로 반복을 통해서 나타난다. 들뢰즈의 다음과 같은 말은 이런 맥락에서 이해될 수 있는 것이다. "특수자의 일반성이라는 의미의 일반성은 독특한 것의 보편성이라는 의미의 반복에 대립한다. 예술 작품은 개념 없는 독특성의 자격에서 반복된다."(같은 책, 27쪽) 우리가 읽은 "개념 없는 독특성"이란 말은 "개념 없는 차이"(같은 책, 82쪽)라는 말로 바꾸어 쓸 수 있다. 여기서 '개념 없음'이란 지식을 구성하는 일반성 개념의 부재를 뜻한다.

파울 첼란의 「죽음의 푸가」가 보여 주듯 시는 반복을 통해 성장해 나간다. 춤 역시 동작의 반복을 통해 자신을 실현해 나간다. 일반성의 관점에서 보자면, 반복이란 일반적인 것으로 수렴될 것을 되풀이하는 한심한 낭비이다. "새벽의 검은 우유 우리는 너를 마신다"[54]는 구절을 반복하고 변주하는 첼란의 시는 반복을 통해 새로운 정보를 주는가? 그렇지 않다. 그러나 저 구절의 반복은 결코 말의 낭비가 아니다. 새벽의 검은 우유, 아우슈비츠의 굴뚝이 뿜어내는 검은 연기는 반복을 통해 그 전율할 만한 무서운 모습을 나타낸다. 첼란의 시에서는 오로지

---

54 파울 첼란, 전영애 옮김, 『죽음의 푸가』, 민음사, 2011, 40쪽.

반복만이 이 작업을 완수한다.

의미의 반복뿐 아니라 운율 자체의 반복이 있다. 아감벤은 바울의 편지에서 유럽 시의 압운의 기원을 찾기도 하는데, 예컨대 바울은 다음과 같은 방식의 반복을 보여 준다. "썩을 몸으로 묻히지만 썩지 않는 몸으로 다시 살아납니다. 천한 것으로 묻히지만 영광스러운 것으로 다시 살아납니다."(「고린도전서」, 15:42~44, 공동번역) 말의 형태도 액면 그대로의 의미도 아니라, 운율 자체가 반복되고 있는 것이다.

덧붙여 반복은 신에 대한 찬가의 핵심을 이루는 것이기도 한데(찬양의 노래들을 떠올려 보라), 아감벤은 이와 관련해 "모든 영광송이 궁극적으로는 이름에 대한 찬양, 즉 하느님의 이름들에 대한 발화 및 반복과 관련되어 있는 사실"[55]을 지적한다. 그러므로 아감벤의 관점에서는 신들이 사라진 시대의 시는 본질적으로 운율이라는 반복이 소멸할 수밖에 없는 비가(悲歌)이다. 횔덜린 말년의 찬가들이 그러하다는 것인데, 그것들은 신들의 떠나감을 확인한다는 점에서, 찬가를 가장한 비가이다.[56] 그러나 정말 신들이 찬가에서 반복의 고리들을 지탱하고 있는가? 이와 달리 니체가 반복에 붙인 이름 '영원회귀'가 알려주듯, 반복이 신들과 상관없는 존재의 질서 자체라면? 그러면 시는 신들에 대해서는 아랑곳하지 않고 반복 속으로 들어설 것이다.

무엇보다 반복은 사변적인 반성의 차원에 있는 것이 아니라 '행위'의 차원에 자리한다. "반복한다는 것은 행동한다는 것이다. 그러나 그것은 유사한 것도 등가적인 것도 갖지 않는 어떤 유일무이하고 독특한

---

55 조르조 아감벤, 박진우·정문영 옮김, 『왕국과 영광』, 새물결, 2016, 487쪽.

56 같은 책, 486~488쪽 참조. G. Agamben, P. Dailey(tr.), *The Time That Remains: A Commentary on the Letter to the Romans*, Stanford, California: Stanford Univ. Press, 2005, 87쪽 참조.

것과 관계하면서 행동한다는 것이다."(『차이와 반복』, 26쪽) 아마도 춤이 이 점을 가장 잘 알려줄 것이다. 춤의 반복된 동작 각각은 유일무이한 독특성을 가진다. 그렇지 않다면 동작을 반복할 필요 없이 한 번만 하면 되리라. 또한 반복은 유일무이한 독특한 것들이 있다는 것을 사변적으로 확인하는 것으로서는 성취되지 않으며, 실제 반복하는 행위 속에서만 달성한다. 한 마디로 춤에서는 행위로서의 반복이 각각의 독특한 고유한 몸짓들을 중첩해 동작을 완성한다.

노래와 시 역시 그렇다. 노래에 후렴이 있다는 것 또는 시에 시구의 반복이 있다는 것을 인지적 차원에서 확인하는 일은 아무런 의미가 없다. 인지적 차원에 있는 것이라고는, 반복적인 구절 각각의 독자성이 아니라 그 독자성을 소멸시키는 일반성이다. 인지적 차원에서는 후렴구들이란 하나의 의미의 동일성으로 환원되는 것들일 뿐이다. 그런 맥락에서 인지적 차원에서의 반복이란 낭비일 뿐이다. 단적으로 의미 전달이 관건일 때 반복을 한다면, 우리는 했던 말을 또 한다고 핀잔이나 들을 뿐이다. 이와 다르게, 노래 부르는 일이 되었든 시를 암송하는 일이 되었든 반복이라는 '행동'만이 각 구절의 특수성을 일깨워 낸다.

이렇게 '차이'와 '반복'은 예술의 모습이 어떤 것인지를 알려준다. 예술 속에서 차이와 반복을 만나면 그 만남은 우리를 어디에 이르게 할까?

이른바 발전이란, 이질적 요소들을 장애물들로 여기고서 그것들을 극복하고 전체로 통합하는 과정 속에서 존립한다. 이런 식의 발전이 의미를 지니는 것은 오로지 '발전의 주체'의 관점에서이다. 이질적인 것들은 주체의 동일성의 관점에서는 극복해야 할 스캔들일 뿐이다. 그리고 저 '이질적인 것들'이 사회와 정치 속에서는 무엇일지 생각해 보아야 한다. 반면 반복이란 서로 차이나는 것들, 이질적인 것들, 그 자체 특수한 것들이 시간 속에서 존재하는 방식이다. 노래 부르고 시를 낭송하는 일이 보여주듯 반복은 행위 속에서 서로 차이나는 것들을 실현한다. 반복은 이질적인 것들을 현실화하는 실천인 것이다. 존재가 이런 차이와 반복을 통해 표현되고, 시의 비밀이 차이와 반복이라면, 시는 존재의 생김새를 드러내 주는 셈이다. 시가 그 내용에 있어서 존재를 재현하고 있어서가 아니라, 시와 존재가 동일한 개념들, 즉 차이와 반복을 통해 현실화하기에 시는 존재의 생김새를 표현한다. 그리고 그 존재의 생김새란 바라보라고 있는 것이 아니다. 그것은 살아가야 할 것이다.

찾아보기

169

차이와 반복의 사상- 들뢰즈와 하이데거

171

개념